MW00366643

LA TEOLOSIS©, EL MATRIMONIO Y LA FAMILIA

Fundamentos teológicos y prácticos para la vida cristiana y las relaciones de pareja y familia.

Elvin Heredia, PhD.

1

© 2006
DERECHOS RESERVADOS

© ® 2014
La Teolosis, el Matrimonio y la Familia
ISBN 978-0-9842817-4-9
Todos los pasajes bíblicos utilizados son de la Santa Biblia Reina Valera
1960, a menos que se indique otra versión en especifico.

Información y Pedidos: Amazon.com y elvinheredia@hotmail.com

Otros libros de la colección de TEOLOSIS®

© ® 2006
Teolosis: Formación y Crecimiento en Dios
ISBN 978-0-9842817-0-1
© ® 2013
La Teolosis y los Refranes Populares
ISBN 978-0-9842817-1-8
© ® 2014
La Teolosis, la Psicología Cristiana y el Dr. Jesucristo
ISBN 978-0-9842817-2-5
© ® 2014
La Teolosis y la Misión de la Iglesia
ISBN 978-0-9842817-3-2

CONTENIDO

INTRODUCCION

¡Por fin! Durante algún tiempo tuve el deseo y el sueño de escribir un libro que hablara del matrimonio y la familia. Algunos de mi estudiantes me lo habían pedido. Ellos lo esperaban, y finalmente, ¡aquí está!!!

Sin embargo, a diferencia de lo que algunos pudieron haber esperado, este libro no pretende ser un escrito teórico acerca del matrimonio y la familia. No tiene la intención de ser parte de un texto de estudio para algún curso sobre el tema. Tal vez no llegue a ser parte de un catálogo de referencia en alguna universidad. Mi intención, en primer lugar es que llegue a todas las familias. A las de mis estudiantes. A las de mi propia familia y amigos. A todas las familias latinoamericanas y del mundo entero.

Como en los anteriores libros de TEOLOSIS, lo que he querido es combinar temas relacionados al matrimonio y la familia desde una perspectiva de crecimiento y desarrollo en la experiencia de vida cristiana. Desde luego, no me apegué a un formato rígido. Quiero que la gente aprenda algo, pero que disfrute a la misma vez que aprende. Quiero que se identifiquen con alguna situación, que en algún momento piensen que hablo de ustedes, que en broma y en serio les comparto un mensaje.

Decimos que la familia es generalmente considerada como la unidad básica de la sociedad. Si representáramos a la sociedad en la figura de un árbol, la familia sería su raíz más profunda. Desde esa perspectiva, todas las estructuras sociales de los pueblos se nutren e interactúan con esa misma raíz. La familia intercambia e influye en la sociedad, pero la sociedad también afecta en los procesos formativos de la familia. Es cierto que la familia, como todas las instituciones sociales, atraviesa por tiempos de grandes retos y conmoción, sin embargo, podemos estar tranquilos. La Palabra de Dios no ha perdido vigencia, y ella tiene mucho que decirnos al respecto.

El material a continuación está relacionado a las experiencias matrimoniales y de familia que tanto nos preocupan, y que son de gran actualidad. Algunos de estos temas pretendemos exponerlos con mucho respeto y cuidado, sin dejar de responder a nuestro llamado pastoral y social.

En este libro encontraremos temas relacionados a diferentes escenarios de interacción entre los seres humanos en proyección desde y hacia las relaciones familiares, de manera tal que podamos, de alguna manera, revertir la corriente de influencia.

La intención es que podamos impactar a la sociedad desde un concepto de familia cristiana, sistémica e integral en todas las áreas en las que la Palabra de Dios la define. En ese sentido, si redefinimos la familia, estaremos redefiniendo también nuestra sociedad.

Pretendemos dar una explicación a varias interrogantes que inevitablemente surgen ante cada situación particular de la vida. Queremos renovar el pensamiento, descubrir verdades, penetrar misterios, encontrar respuestas. Todo esto, a medida avanzamos en nuestra experiencia de fe.

En nuestro caminar con Dios. En nuestra vivencia como cristianos.

En nuestra *teolosis*.

DEDICATORIA

A Ti, Dios Todopoderoso, porque eres el dueño de todo lo creado y de todo lo inspirado en este libro.

A mi inigualable esposa Carmencita. Si yo soy la cabeza, tú eres el cuello que la mueve. Gracias por sostenerme. ¡Te Amo!

A mis amadas hijas, Jane Marie y Ana Cristina. Gracias por día a día ayudarme a ser su papá. ¡Me enorgullezco de ustedes! Dios las bendiga.

A mi amada familia, por estar en mi sangre y en mi ser.

A la memoria de mi padre, Don Víctor M. Heredia. Un gran maestro que se me fue al cielo. Gracias por todo lo enseñado.

A Mami, María A. Cordero. No hay palabras que describan tu abnegación. ¡Gracias!

A mis sobrinos José Enrique y José Francisco. Kike, gracias por la foto del primer libro. Este agradecimiento te lo debía. Kuko, estoy cumpliendo mi promesa. Gracias por cumplir la tuya...

LA TEOLOSIS, EL MATRIMONIO Y LA FAMILIA

IGUALES Y DIFERENTES

Lectura: Génesis 1:27

Vivimos en un mundo que se ha caracterizado por ser un mundo conflictivo. A través de la historia somos testigos de incontables guerras y batallas libradas por el hombre por distintos motivos. Algunas de éstas se han dilucidado en enfrentamientos bélicos. Otras han tenido como escenarios los tribunales, los medios de comunicación y la opinión pública. Todo esto tiene lugar en distintas esferas de la vida social, política, económica y cultural. Sin embargo, podemos resumir las razones de estas guerras, conflictos y enfrentamientos en 2 motivos fundamentales:

1. La imposición de unos derechos en violación sobre otros.
2. La defensa de esos derechos violados.

En el plano de las relaciones personales, esta también es una dinámica que ocurre a diario. Luchamos por ser reconocidos, respetados y por que se nos tome en cuenta.

Cuando preparaba este material, lo hacía como parte de mi participación en un programa radial dedicado a las mujeres, puesto que esa semana se celebraba en Puerto Rico la Semana de la Mujer.

En ese momento, me di cuenta de varias cosas. En primer lugar, no podemos hablar de la mujer sin dejar de hablar del hombre. Por lo general, cuando hablamos de un género, sea hombre o mujer, lo hacemos mayormente en relación de uno con respecto del otro. Lo que me hizo pensar que, por otra parte, esta dinámica conflictiva de la que hablamos al principio está presente, de manera muy activa, entre el hombre y la mujer.

De forma tradicional e histórica, hemos observado un dominio marcado del hombre sobre la mujer. Este dominio se observa en prácticamente todas las áreas de la vida. No es hasta comienzos del siglo pasado que la mujer adquiere mayores y mejores oportunidades en el desarrollo de sus capacidades personales. Capacidades que siempre estuvieron presentes, sólo que ahora comenzaron a hacerse más evidentes.

Esta realidad histórica ha provocado 2 respuestas, en términos del comportamiento del hombre y la mujer, totalmente opuestas una de la otra.

Por una parte, el hombre ejerce presión hacia la mujer, por entender que el desarrollo de estas capacidades de la mujer amenaza su dominio sobre ella, dando paso a lo que conocemos como *machismo*.

En consecuencia, la mujer ha respondido activamente con una lucha intensa por obtener el reconocimiento de sus derechos, a manera de lograr la igualdad ante los hombres y ante la sociedad. Esta respuesta al machismo es lo que hoy conocemos como *feminismo*.

¿Qué ha producido esto? Ha producido la misma dinámica conflictiva que ha caracterizado a los seres humanos. Estamos enfrentados, los hombres y las mujeres, en un campo de batalla por el control del poder.

Ahora bien, ¿cómo pueden ayudarnos las Escrituras a dilucidar este conflicto en un plano menos bélico? ¿Cómo podemos armonizar las enseñanzas bíblicas al comportamiento propio del hombre y la mujer sin que esto represente un "levantamiento armado" en mi contra?

Vamos al principio. Vamos al momento de la creación.

En Génesis 1:27 encontramos el texto clave para el comienzo de este análisis. Observe que este pasaje nos presenta una consideración especial. La parte final del texto nos dice:

"Varón y hembra los creó". (RVR60).

Aquí el pasaje nos presenta una distinción entre los seres humanos creados por Dios. El hecho de que el texto especifica que fueron creados "varón y hembra" nos está presentando una diferencia clara entre ambos. Ambos hemos sido creados <u>distintos</u>, sin embargo, esto no quiere decir que hayamos sido creados <u>desiguales</u>.

Aclaremos este punto. Hemos sido creados **iguales**, porque ambos hemos sido creados a la imagen de Dios. La imagen de Dios está presente, tanto en el hombre como en la mujer. No obstante, hemos sido creados **diferentes**, un género distinto al otro. ¿Por qué? ¿Qué razones tuvo Dios en hacernos iguales pero diferentes?

Una razón principal para esta diferencia se fundamenta, aunque usted no lo crea, en la misma esencia de Dios. Una esencia creadora de vida. En ese sentido, ambos, el hombre y la mujer, contamos con la esencia de Dios para crear vida. La diferencia fundamental entre el hombre y la mujer es que el hombre es varón y la mujer es hembra. La igualdad fundamental entre el hombre y la mujer es que ambos son necesarios para crear vida.

Partiendo de esa razón básica, podemos derivar otra razón fundamental para esta diferencia.

El propósito de Dios al crearnos diferentes fue para que ambos nos necesitáramos. El propósito es que ambos géneros se complementen.

La esencia creadora de vida de Dios no está presente si ambos, el hombre y la mujer, tampoco están presentes. Dios es necesario para la vida. El hombre y la mujer también.

Ahora, en esa creación perfecta y muy buena de Dios, se introdujo un elemento que distorsionó todo este buen propósito. Cuando el hombre peca en el Jardín del Edén, se introduce el pecado en la vida del hombre. Es el pecado lo que distorsiona su relación con Dios. Pero no tan sólo eso. El pecado provocó que el hombre distorsionara su relación con la creación de Dios y con su propósito. Por tanto, el pecado distorsionó el propósito de esas diferencias con las que fuimos creados.

El propósito de Dios fue que ambos géneros se complementaran. El propósito de Dios no fue que un género se impusiera sobre el otro. Eso fue, precisamente, causa del pecado.

Así comienza la guerra por el poder. El hombre contra la mujer. La mujer contra el hombre. El machismo y el feminismo.

17

Como hombre, no le resto valor al feminismo. El feminismo ha sido un mecanismo fundamental para la lucha y el reconocimiento de los derechos de las mujeres. Considero al feminismo como una respuesta lógica de las mujeres ante la falta de reconocimiento de esos derechos por parte de los hombres. Sin embargo, creo que el feminismo se ha convertido en un enemigo de la causa de las mujeres. ¿Por qué? Bueno, en ánimo de hacer justicia, comparemos al feminismo con el machismo.

El machismo ha procurado sostener un dominio sobre la mujer. Un dominio que ha sido, precisamente, la misma razón por la que el feminismo ha procurado combatirlo: La imposición de un género sobre el otro. En ese sentido, el feminismo es la respuesta al machismo.

Desafortunadamente, el feminismo ha cometido los mismos errores que el machismo. ¿Por qué? Porque ha fundamentado su lucha en la igualdad de los géneros, y como ya hemos establecido, los géneros ya son iguales.

Las diferencias entre ambos responden a distintas funciones, pero con un mismo propósito: Que nos complementemos.

Por eso pienso, con todo el respeto que me merecen las mujeres, que la lucha por la igualdad que las mujeres han procurado por medio del feminismo es una pérdida de tiempo. ¡YA SOMOS IGUALES!

El problema ha sido que no disfrutamos de las diferencias. Sin embargo, son precisamente esas diferencias las que deberían unirnos. Nuestras diferencias no nos separan. Al contrario, nos unen y nos complementan.

El feminismo y el machismo son, entonces, enemigos de la creación y el propósito de Dios para el hombre y la mujer. Si decimos que el machismo no ha sido la mejor expresión del varón hacia la mujer, ¿qué nos hace creer que el feminismo es diferente? Ambos son manejos equivocados de las diferencias con las que fuimos creados porque:

- No se gana el respeto infundiendo temor.
- No se gana respeto faltando al respeto.
- No dignificamos un género cuando denigramos al otro.
- No se puede pretender que, para que unos estén arriba, los otros tengan que estar abajo.

Es equivocado pensar que vivimos en un mundo donde la mujer tiene su espacio y el hombre el suyo.

¿Quién dijo que la mujer es de la casa? El que lo dijo, no ha leído Proverbios 31. Dios, incluso, llamó mujeres a realizar tareas del hombre. Sin embargo, Dios nunca llamó a un hombre a realizar tareas de mujer. ¿No querrá esto decir algo acerca de las capacidades de la mujer? En ese sentido, la mujer no tiene nada más que demostrar. Hemos sido creados iguales. Ya lo he dicho antes.

Por otra parte, ¿quién dijo que el hombre es de la calle? El que lo dijo, no sabe que, como sacerdotes, necesitamos un templo donde ministrar. Nuestro templo es nuestro hogar. En el hogar es donde ministramos. En el hogar es donde somos verdaderamente hombres.

Solamente tenemos un mundo para vivir. Es un solo espacio. Y ese espacio no es de uno o del otro. Ese espacio es de ambos. Este es un espacio compartido. Por tanto, no hay necesidad de desplazar al hombre o a la mujer, pues esto no es símbolo de conquista, éxito o superioridad. Este no es un mundo de hombres. Este es un mundo ocupado en igualdad de condiciones tanto por hombres como por mujeres.

¿Qué hacemos, entonces, con el feminismo y el machismo? ¿Podemos hacer algo positivo con ellos? Yo creo que sí.

El propósito del feminismo, si fuésemos a aceptarlo como ejercicio práctico, debe estar dirigido a sostener el propósito de Dios al haber creado a la mujer como la creó. De igual manera el machismo, si fuésemos a aceptarlo como ejercicio práctico, debe estar igualmente dirigido a destacar el propósito de Dios para el hombre.

El feminismo debe confrontar a la mujer con su llamado para con el hombre y el mundo. El feminismo debe ser quien reconozca la importancia del hombre en el rol de la mujer. Debe destacar, permitir y promover la influencia masculina en todas las áreas de la vida de la mujer. De otra forma, el propósito de Dios para la mujer no se cumple, y la vida de la mujer estará incompleta.

Por lo mismo, el machismo debe asumir una posición contraria a la que ha asumido históricamente. Debe ser el hombre quien reconozca la importancia de la mujer en su vida. El hombre necesita de la influencia femenina para cumplir con su rol de padre, esposo y sacerdote. Sin la mujer, la vida del hombre es incompleta y miserable.

En ese sentido, podemos decir que son las mujeres quienes deben ser las machistas y los hombres debemos ser los feministas.

La mujer debe ser la voz de Dios para el hombre, y el hombre debe ser la voz de Dios para la mujer.

La Palabra de Dios nos enseña en Hechos 20:35 que más bienaventurado es dar que recibir. Lo hermoso de aplicar esta verdad bíblica a nuestra función como hombre y mujer es que cuando damos el debido reconocimiento a nuestras mujeres y a nuestros hombres, recibimos de ellas y de ellos el mismo reconocimiento.

Que quede claro. No damos para que nos den. Damos porque hemos recibido. La bienaventuranza de dar no se mide por lo que damos, sino por lo que recibimos. Nuestro mandato es dar. Dios hará que recibamos. Es así que, dando respeto, recibiremos respeto. El lugar y el valor de la mujer debe darlo y reconocerlo el hombre. El lugar y el valor del hombre debe darlo y reconocerlo la mujer. Se es mujer siendo mujer, no queriendo ser hombre. Por lo mismo, un hombre es verdaderamente hombre cuando puede leerlo en los ojos de una mujer.

Por otra parte, Dios puso al hombre por cabeza de la mujer. Esa es la realidad bíblica, aunque a muchas mujeres les cueste trabajo aceptarlo. Pero para que el cuerpo funcione, es necesario que ambos estén conectados.

Hay quien dice que, si el hombre es la cabeza, la mujer debe ser el cuello. Estoy de acuerdo con esta ilustración. Si ambos están aparte, no pueden sobrevivir. El orden de Dios siempre ha procurado el bienestar de ambos. Entonces, si ambos están en ese orden divino, ambos estarán bien.

Mujer, no escuches la voz del mundo que te dice lo que no puedes hacer. Escucha la voz de Dios que te dice **todo** lo que puedes hacer.

Hombres, debemos convertirnos en esa voz de Dios que la mujer necesita escuchar. Jesús lo hizo a lo largo de su ministerio en la Tierra. Para Jesús, la mujer fue siempre muy especial. Jesús es la cabeza de la iglesia. Nosotros somos cabeza de la mujer. Por tanto, el hombre debe ser para la mujer lo que Jesús es para la iglesia.

En una ocasión atendí a una pareja en consejería que había tenido serios problemas matrimoniales. Existía un patrón de violencia y alcoholismo por parte del esposo. Ella perseveraba en una iglesia. Él se había apartado de la congregación. Había conversado con ella en varias ocasiones, pero no había tenido la oportunidad de hablar con él. Finalmente, el hombre accedió a entrevistarse conmigo una tarde.

Tan pronto el hombre llegó a la oficina, cometió el error de querer abordar el tema de su matrimonio desde una perspectiva bíblica-teológica. El hombre comenzó a citarme lo que dice Efesios 5:24, donde dice:

"Así que, como la iglesia está sujeta a Cristo, así también las casadas estén sujetas a sus maridos en todo". (RVR60).

Acto seguido, el hombre me dijo que el propósito de haberse reunido conmigo para hablar del problema en su matrimonio era porque él quería que, en su presencia, yo le llamara la atención a su esposa y le recordara que ella debía estar sujeta a él.

Mientras él cometía su "error", me apresuré a buscar el pasaje de Efesios 5 en mi Biblia. No me costó mucho trabajo encontrar una respuesta a su solicitud. Inmediatamente le recordé el texto siguiente al que él me había citado. Leí en Efesios 5:25:

"Maridos, amad a vuestras mujeres, así como Cristo amó a la iglesia, y se entregó a sí mismo por ella". (RV).

Cerré la Biblia, lo miré fijamente y le pregunté: "Hermano, ¿amas a tu esposa?". Él me dijo que sí, pero su rostro denotaba confusión. No esperaba que yo le hiciera esa pregunta.

Finalmente le dije: "Varón, estoy seguro de que tu esposa se sujetará a ti, tan pronto tú estés dispuesto a amarla de tal manera que estés dispuesto a morir por ella. Demuéstrale que eres capaz de negarte a ti mismo, que eres capaz de amarla hasta el punto de morir por ella, y entonces estarás en posición de pedirle que se sujete a ti. Si tú puedes ser para tu esposa lo que Jesús es para la iglesia, estoy seguro que ella no podrá resistirse a tu autoridad".

Cristo entregó su vida por nosotros como un acto de amor voluntario. Cuando entregamos nuestra vida a Cristo no lo hacemos por obligación. Es una respuesta voluntaria. No es una causa. Es un efecto propio del amor que recibimos primero.

El amor en la vida de pareja no se exige. Es, igualmente, una respuesta. El compromiso no es una obligación. Es un efecto propio de la relación. Surge como respuesta placentera. Después de todo, una de las razones fundamentales de nuestras diferencias es porque en ellas debemos encontrar placer, ¿no le parece?

Somos iguales, pero somos diferentes. Somos diferentes, pero somos iguales.

¿PADRE BUENO O BUEN PADRE?

Lectura: Mateo 19:16-22

Durante el campamento de verano de mi hija menor de 4 años, fuimos a un parque de diversiones y nos topamos con una escena que es muy frecuente en nuestros días.

Una niña le decía a su padre:

- "Eres malo".
- "¿Por qué, si te traje al parque, te compré comida, y además te has subido a todas las máquinas más de una vez?". – le replicó el padre.
- "Eres malo, porque no me compraste un peluche". – le dijo la niña, mientras protagonizaba un escandaloso espectáculo.

Este pasaje que hemos considerado se usa mayormente para criticar. Se critica:

- La actitud aduladora de aquellos que procuran su propio beneficio.
- La resistencia al desprendimiento de las cosas materiales.
- Las posibilidades de salvación de los ricos.

Surgen preguntas sobre asuntos tales como el ojo de una aguja, el cumplimiento de los mandamientos y hasta la actitud de Jesús, por la forma de contestarle a este hombre.

No obstante, yo me encontré con el dilema de utilizar este pasaje desde la perspectiva del Día de los Padres, pues a simple vista este pasaje no parece tener una enseñanza práctica en ese sentido. Pero, ¿qué podía hacer? El pasaje había llamado tanto mi atención que no podía dejar de considerarlo.

Fue entonces que me tropecé con una única palabra. Una palabra que despertó en mi mente el deseo de desarrollar el tema, precisamente desde la perspectiva que ofrece esta palabra en relación a la conducta, en este caso, la conducta de los padres. Y, por supuesto, una vez más Jesús me dio la clave. Esa palabra es la palabra "bueno".

¿Cómo aplica esta palabra en nuestro análisis de la conducta de los padres? Bueno, Jesús vuelve a darnos la clave.

Este hombre, (que no necesariamente era un joven, pues en el pasaje paralelo de Lucas 18 se menciona como un hombre principal en el pueblo), llega a Jesús con una buena intención.

Llega como muchos de nosotros hemos llegado a Su encuentro. Llega buscando la forma de alcanzar la salvación y la vida eterna. No obstante, llega con una actitud psicológica de adulación. Llega diciéndole "Maestro bueno".

¿Han notado cómo muchos de nuestros hijos llegan a nosotros con la misma actitud? Algunos nos abordan con palabras como:

- Te quiero mucho.
- ¡Qué bien te ves hoy!
- ¿Tú me amas?

Ante la forma en la que este hombre rico vino a abordarlo, Jesús lo detiene, y le contesta su pregunta con otra pregunta. Lo interesante que encontré es el hecho de que Cristo le cuestiona a este hombre sobre ese asunto de ser bueno. ¿Será que ser bueno es malo?

Es, precisamente, en este punto donde deseo desarrollar mi análisis.

- ¿Por qué Jesús no aceptó que le dijeran "bueno"?
- ¿A qué se refería cuando dijo que el único que era bueno era El Padre?
- ¿Qué hay en eso de ser buenos que no parece ser tan bueno?
- Si El Padre es el único bueno, ¿podemos nosotros ser igualmente buenos?

Siendo que esto tiene que ver mucho con la conducta, llevemos este asunto al plano psicológico. La psicología estudia la conducta humana. Por otro lado, Jesús nunca distanció las verdades del Reino de la posibilidad real de que los seres humanos pudieran vivirlas. De hecho, si Él mismo las trajo a los hombres, haciéndose hombre, era para que pudiéramos hacerlas parte de nuestra conducta. Desde esa perspectiva, es posible aplicar las enseñanzas del pasaje a la conducta de los seres humanos, y en este caso particular, a la conducta de los padres.

En Lucas 11:13 Jesús nos presenta la paradójica verdad de que nosotros, siendo malos, sabemos dar buenas dádivas a nuestros hijos. De hecho, Jesús mismo parece indicarnos que esa cualidad es una igualmente propia del Padre, quien a pesar de nuestra maldad, nos da Su Espíritu si se lo pedimos.

Naturalmente, eso no implica que Dios nos dará Su Espíritu si decidimos perseverar en la maldad. Note bien que en este pasaje de Mateo 19 Jesús indica que, aunque El Padre es bueno, no es de cualquier manera que se entra en la vida eterna. Dios es bueno, pero para entrar en la vida hay que guardar sus mandamientos. Aún con lo bueno que es Dios, es necesario observar unos parámetros de conducta que correspondan a los que se espera de alguien que guarda esos mandamientos.

Jesús le dice a este hombre que solamente Su Padre es bueno porque sólo Dios es el único capaz de darnos salvación sin tener que haber pagado por ella. Bueno es alguien quien, sin tener la obligación de dar, da sin obligación. Cristo no murió por nosotros por obligación. Lo hizo por amor. No obstante, Su sacrificio no nos salva, si nosotros no lo aceptamos y se lo pedimos.

Ahora bien, llevemos esta consideración al plano de las relaciones entre los padres y los hijos:

- ¿Podemos nosotros dar buenas dádivas a nuestros hijos si la conducta de éstos no corresponden a los parámetros de conducta que establecemos como padres?
- ¿Será parte de una paternidad responsable ser "buenos" con nuestros hijos?
- ¿Por qué puede Dios hacerlo y nosotros no?
- ¿Quién determina si un padre es bueno o no?

Profundicemos en este asunto.

En primer lugar, el calificativo de "bueno" es algo que está dentro del marco de lo subjetivo.

El que una persona sea buena a los ojos de otra persona no determina que sea bueno a los ojos de todas las personas. En ese sentido, la bondad de Dios no está sujeta al criterio o la evaluación humana. Dios es el único y verdadero bueno porque no hay mayor bondad que la de El.

En segundo lugar, la bondad de Dios no se determina en base a lo que El puede hacer, sino a lo que El es. Mucho menos dependerá de los que Dios haga por mí para que sea yo quien diga o determine lo bueno que es Dios. Por tanto, por encima de Dios no puede haber nadie más bueno.

Lo que quiere decir, partiendo del señalamiento de Cristo, y aplicándolo a la conducta de los padres, que a nosotros no nos corresponde ser padres buenos, porque eso sería decir que nuestra paternidad responde a la opinión de los demás. Nos corresponde, en todo caso, ser buenos padres. Esto, aunque parezca lo mismo, no es lo mismo ni se escribe igual.

En términos de nuestra responsabilidad como padres, en especial la crianza de los hijos, no podemos descargar la misma esperando de que nuestros hijos encuentren bueno todo lo que hacemos. Ellos no se están criando solos.

Usted los está criando. Los padres no son ellos. **Los padres somos nosotros.**

Por tanto, el ser buenos no dependerá, en ese sentido, de la opinión de los hijos, sino del peso de la responsabilidad que la Palabra de Dios nos impone.

Escuchamos regularmente decir que los niños no vienen con un libro de instrucciones debajo del brazo. Ellos son seres independientes, con un carácter propio. Sin embargo, esta expresión pretende justificar, en muchas ocasiones, las equivocaciones que cometemos en su crianza. Peor aún, descargamos la culpa del comportamiento inadecuado de nuestros hijos, dando a entender que el mismo responde a esa cuestión del carácter personal del menor. Simplemente, decimos que no es nuestra culpa. Es culpa de la forma de ser de ellos.

Convendría, entonces, considerar la frase desde otra perspectiva. Si ellos no vienen con un libro debajo del brazo, no es porque son ellos los deban darnos instrucciones específicas para su crianza, sino porque esa es, precisamente, nuestra tarea como padres. El libro no lo traen ellos. **El libro lo tenemos nosotros**.

Desde luego, la opinión de nuestros hijos se toma en cuenta desde una dinámica de comunicación efectiva y de respeto mutuo. En adición, estamos partiendo de la premisa de que nosotros observamos las Escrituras para obtener las directrices de cómo criar a nuestros hijos, y de que contamos con una estructura familiar sana. No basta con tener el libro. Hay que leerlo y aplicarlo.

Siendo que de alguna forma podemos entender que existe una diferencia entre ser padres buenos y buenos padres, veamos algunas de las características de esos padres buenos en comparación con las de los buenos padres.

- El padre bueno es condescendiente. El buen padre es firme.
- El padre bueno complace nuestros gustos. El buen padre satisface nuestras necesidades.
- El padre bueno lleva. El buen padre acompaña.
- El padre bueno cubre y encubre. El buen padre protege y abriga.
- El padre bueno idolatra a sus hijos. El buen padre los ama.
- El padre bueno se esfuerza en dar a sus hijos todo lo que él nunca tuvo. El buen padre se esfuerza en dar a sus hijos todo lo que él tiene.

- El padre bueno nos da información. El buen padre nos da respuestas.
- El padre bueno da buena educación. El buen padre da buen ejemplo.

Jesucristo no acepta que le digan bueno, porque El no fue un pastor bueno. **Él es, y sigue siendo el Buen Pastor.** Nuestro llamado, entonces, no se limita a ser padres buenos. Tenemos que ser buenos padres. Nuestro deber es responder correctamente a los ojos de Dios, quien es el verdadero bueno.

Como padres, no tenemos una tarea fácil. No siempre las decisiones serán agradables. La disciplina siempre ha sido una maestra antipática. Este pasaje ofrece un mensaje a los hijos, y un mensaje a los padres, quienes en definitiva serán quienes lleven el mensaje que los hijos necesitan escuchar. El mensaje a los hijos es que no podemos evaluar como buenos a nuestros padres por todo aquello que es bueno según nuestro criterio. Nuestros padres no son buenos porque nosotros lo determinemos o lo cualifiquemos.

Por otra parte, el mensaje a los padres es que seremos verdaderamente buenos padres si respondemos con responsabilidad y firmeza a Aquel quien puso en nuestras manos este sagrado ministerio de la paternidad.

Dios es bueno, pero no porque nosotros lo digamos. Él es bueno porque la bondad es parte de Su esencia. De Su Ser. De Su conducta. El mismo instituye y cumple con los requisitos de la perfecta bondad. No obstante tiene reglas, mandamientos, estatutos, ordenanzas, todas estas, características de un Dios de orden.

Por tanto, la bondad, en especial la bondad de Dios, es orden. No se recibe de cualquier manera. Y nosotros como padres, ¿no deberíamos hacer lo mismo? ¿Acaso no debe ser la verdadera bondad (o el orden) parte de nuestro carácter paterno?

No es que nos *digan* "buenos". Es que *seamos* buenos.

BORRANDO CICATRICES

Lectura: Colosenses 4:6

Me gustaría en este momento contarles un chiste. ¿Me permiten?

Érase una vez 3 hombres que, en un momento dado, se encontraron compartiendo una celda de detención. Dos de ellos tenían un aspecto tosco y rudo. Ambos fueron detenidos por la policía debido a que protagonizaron sendos actos violentos, en hechos separados. El tercero, que parecía ser un hombre decente, había sido detenido por una infracción de tránsito.

Sin embargo, allí estaban estos 3 hombres, mirándose las caras, hasta que la interacción entre ellos comenzó a ponerse un tanto hostil y desagradable.

El primer hombre, que tenía una horrible cicatriz en la cara, se acercó de manera desafiante a los otros dos hombres y dijo:

 - "¿Ven esta cicatriz? New York City".

El segundo, también de aspecto rudo, no perdió tiempo en aceptar lo que parecía un desafío velado.

Inmediatamente se quitó su saco, desabrochó su camisa y mostró a los otros dos hombres una enorme cicatriz de lo que parecía ser de un disparo en el lado derecho del pecho. Acto seguido, dijo con voz ronca:

- "¿Ven esta cicatriz? Atlantic City".

El tercer hombre comenzó a preocuparse, pues ciertamente su aspecto era mucho más refinado y limpio, y estos otros dos hombres comenzaban a rodearlo de manera muy sospechosa e intimidante.

De momento, y sin que ellos lo esperaran, el tercer hombre soltó su corbata, desabrochó su camisa y les mostró a sus compañeros de celda una cicatriz que tenía justo en la parte baja de su abdomen. Usando un tono de voz más grave al suyo, dijo a los otros dos hombres:

- "¿Ven esta cicatriz? ¡Apendicitis!"

Tengo varios propósitos por los cuales hice este chiste. En primer lugar, cada uno de estos hombres mostró en sus cuerpos el resultado de una situación particular que provocó en ellos una herida, y cada herida dejó una marca. Una marca imborrable. Una cicatriz.

Esa marca quedará en sus cuerpos por siempre. Por tanto, estos hombres nunca olvidarán dónde y cuándo esa herida fue provocada. De hecho, como vemos en el chiste, ellos recuerdan muy bien dónde recibieron sus heridas.

Sin embargo, estoy seguro que estos hombres no sólo recuerdan el dónde y el cuándo de sus cicatrices. Muy adentro de sus corazones recordarán con tristeza y hasta con coraje **quién** les provocó esa herida que los dejó marcados para siempre. He aquí lo significativo de traer este chiste.

Mi propósito es llamar la atención en cuanto a las heridas que causamos en nuestras familias. Estoy totalmente convencido de que, (con algunas raras excepciones, particularmente en personas con severos disturbios mentales), no hay nadie que desee lastimar a sus hijos al punto de provocarles una herida ni de dejarles una cicatriz marcada en sus cuerpos por toda la vida. No obstante, ¿saben ustedes que a veces le provocamos heridas *que no se ven*?

La Palabra del Señor nos exhorta a través de la lectura de este pasaje sobre la forma y manera que debemos expresarnos. En primer lugar, me gusta el énfasis especial que imparte el apóstol Pablo, cuando indica que nuestra palabra debe ser *siempre* con gracia.

En todo momento debemos cuidar la forma en que hablamos o nos dirigimos a los demás. Pablo hace esta exhortación entendiendo que las palabras tienen poder. Las palabras son poderosamente capaces, tanto para edificar como para destruir. Tanto es el poder de las palabras que en Proverbios 18:21 la Palabra de Dios nos dice que *"la vida y la muerte están en poder de la lengua"*. (RVR60).

Estoy convencido que usted puede entender igualmente esta verdad. Sin embargo, muchas veces queremos aplicar la exhortación de este pasaje mucho más allá, sin antes experimentarla mucho más acá.

Queremos aplicar la exhortación de este pasaje como si fuera únicamente en nuestras relaciones interpersonales para con los de afuera, pero se nos olvida que debemos empezar a aplicarnos la ley para con los de nuestra casa. Lo triste del caso es que, como dice un refrán, muchas veces somos "luz de la calle y oscuridad de la casa". Muchas veces olvidamos que, cada vez que decimos a nuestro hijo, a nuestra hija o a nuestra pareja una palabra descompuesta, sin gracia, sin sazón, cargada de rencor, rabia, coraje y desprecio, estamos provocando heridas en su autoestima. Los estamos codificando para siempre.

¡Qué diferente el caso de Jesús con Su Padre Celestial! Note usted que cuando Jesús estuvo en la Tierra, siempre el Padre utilizó una buena palabra. Tanto en el bautismo de Jesús en el Río Jordán, como en La Transfiguración, el Padre reforzó positivamente a Su Hijo y le declaró abiertamente el orgullo y el amor que sentía. ¡Que hermoso cuando nosotros podemos igualmente decir a nuestros hijos que les amamos y que en ellos está nuestra complacencia!

Sin embargo, a nosotros se nos hace más fácil, en ocasiones, resaltar los aspectos negativos de nuestros hijos y de nuestra pareja en lugar de destacar todo lo positivo que seguramente ambos tienen. Lo peor de esta actitud es que, con esas heridas que provocamos, estamos dejando marcados a nuestra familia de por vida. Estamos dejando cicatrices en sus corazones.

Los hombres del chiste mostraron sus cicatrices y seguramente recordaron cómo, cuándo, dónde y quién los dejó marcados para siempre. ¿De qué manera marcarás a los tuyos? Cuando ellos miren dentro de su corazón, ¿encontrarán allí heridas y cicatrices tuyas? ¿Cómo ha sido tu refuerzo familiar: positivo o negativo?

Les tengo buenas noticias. El Señor ha prometido en Su Palabra hacer todas las cosas nuevas. Y eso incluye el corazón de nuestras familias. Es posible borrar marcas y cicatrices sin necesidad de cirugía. El Señor promete hacer las cosas nuevas.

Estas palabras son de importancia y son de actualidad ante la triste realidad que vivimos con nuestros niños y nuestra juventud. Estas palabras sólo pretenden que tengamos conciencia de que podemos corregir a nuestros hijos y a la misma vez retenerlos fuera de las amenazas que los rodean. Pero, entiendan esto, chicos y chicas. Nosotros los padres vamos a seguir con nuestras cantaletas de siempre. Nosotros los padres tenemos una autoridad impuesta por Dios que no podemos postergar ni delegar, por nada ni por nadie.

Así como ciertamente daríamos nuestra propia vida a cambio de las suyas, también tenemos el deber de enseñarles todo lo que necesitan para la vida. Esto incluye la corrección, siempre que sea necesario. Pero nosotros los padres debemos disciplinar en amor. Seguiremos con nuestra cantaleta porque amamos a nuestros hijos. A ellos, sin embargo, les conviene aprovechar nuestra experiencia. Para ellos es gratis. Es la mejor de las herencias.

Pablo termina su exhortación haciendo un llamado al cuidado de nuestras palabras, y la manera en la que debemos cuidar lo que respondemos. En ese sentido, nuestras palabras deben reflejar el amor que tenemos hacia los nuestros. Debemos responder no humillando, no maltratando, no hiriendo. Vamos a sanar y no a lastimar. Vamos a no herir para no tener necesidad de borrar cicatrices.

Nuestras familias serán aquello que nosotros declaremos que ellas son. Mientras más declaremos lo valiosas e importantes que son, más valiosas e importantes serán. Esa será la marca que dejaremos en ellas. Trata a tu familia como tú quieras que ésta sea. Si nosotros los hombres deseamos ser tratados como reyes, debemos tratar a nuestras esposas como reinas y a nuestros hijos como príncipes.

Desde luego, la misma consideración aplica para todos. La familia es un tesoro, y los tesoros no se tratan con desprecio ni se echan a perder. Por el contrario, tendrán el valor que nosotros le demos.

Triste y desafortunadamente somos testigos del levantamiento de una generación que no respeta a sus adultos.

Esto, en gran medida, se debe a la falta de respeto, en la formación familiar y social, con la que estamos educando a nuestros hijos. Si hoy nuestra juventud le grita a sus padres, en gran medida responde a que estos mismos padres, en su momento, también les gritaron a sus hijos.

Es más desafortunado aún el hecho de que esta manifestación de irrespeto no es una cuestión de este tiempo. A través del tiempo, estas son tendencias que se reciclan y se repiten de generación a generación. Seguimos adoptando del pasado la forma de educar a nuestros hijos, cuando deberíamos, más bien adaptar la forma de educarlos con una proyección futura. Esto evitaría seguir cometiendo los errores del pasado, pero a la vez nos permitirían ir construyendo los individuos, la familia y la sociedad que todos deseamos.

Tu tesoro familiar representa una bendición para tu vida. Representa además un valor incalculable para Dios y para la sociedad. Entonces, nosotros debemos ser el ejemplo que ellos necesitan. Necesitamos aprender de nuestros errores para poder enseñar a nuestros hijos a no cometerlos. Debemos conocer y vivir el respeto y el amor que debemos enseñar y que ellos deben conocer y vivir.

La realidad es que no se deja de reciclar lo que aprendemos. Como bien dice el refrán: Lo que bien se aprende, bien se enseña.

El poder está en la palabra. En la que está escrita por Dios. En la que recibimos de parte de Dios. Y en la que pronunciamos de parte de Dios. Esta palabra nos está dando el poder de sanar nuestras familias. El poder de fortalecer y no destruir. El poder de borrar cicatrices.

Nosotros somos los cirujanos plásticos de nuestras familias. Si hay cicatrices en nuestra familia, es hora de borrarlas. Es hora de que nuestra familia recuerde nuestra casa como una casa de bendición. Como una "Bendición City".

¡Manos a la obra!!

PALABRAS FILTRADAS

Lectura: Proverbios 10:19-21

Recuerdo que en una ocasión la secretaria de nuestra iglesia se enfermó de bronquitis. Esto se le complicó con asma, por lo que ella estuvo un par de semanas sin asistir a la iglesia. Ella es quien acostumbra preparar el programa de la iglesia, así que, debido a su ausencia, tuve que hacerme cargo de montar el programa del mes siguiente en la computadora.

Después de terminarlo, lo llevé a un lugar para reproducir varias copias del mismo y repartirlo entre los hermanos. Ya dentro del establecimiento, y mientras esperaba por mis copias, un anciano que me había visto entrar se me acercó por la espalda y me pidió disculpas por dejar su auto bloqueando mi salida. Yo le indiqué que no era ningún problema. Él, por su parte, solamente interesaba reproducir una corta historia que lo había impactado mucho. Acto seguido, me dice:

- Tal vez si usted la lee no la encuentre muy interesante, pero a mí me gustó mucho.
- ¿Me permite? - le respondí mientras le pedía la hoja de papel, un tanto amarillenta por el tiempo.

El anciano sólo quiso reproducir algunas 10 copias, por lo que le pedí al dependiente del establecimiento que me cobrara las copias del anciano junto con las mías. Con esta excusa, le pedí al anciano que me regalara una copia de esa historia.

¿Sabe qué? Yo también quedé impresionado con la historia. Tal fue el impacto de esta historia, que la compartiré con ustedes en este momento. Pero, para compartirla con ustedes, la dividiré en las enseñanzas que la misma trajo a mi vida, y que a su vez están enmarcadas en el pasaje que hemos considerado.

Así comienza esta interesante historia.

Cuentan de un joven discípulo que llegó a casa de su maestro, un sabio filósofo, para contarle lo que unas personas estaban comentando sobre él en el pueblo. De momento, el sabio maestro lo interrumpe y le pregunta al joven.

- Eso que vas a contarme, ¿ya lo filtraste?
- ¿Cómo que si lo filtré, Maestro? - preguntó a su vez el joven.
- Todas las palabras que decimos deben ser filtradas primero a través de los 3 filtros de las palabras.
- ¿Cuáles son esos 3 filtros, Maestro?

- El primer filtro es la verdad. ¿Estás seguro de que lo que me quieres decir es absolutamente cierto?

1. Verdad

Nuestra sociedad, y muchas otras sociedades alrededor del mundo, son muy dadas a los chismes. ¡Cómo nos gusta y nos entretiene el chisme!

- Algunos hasta tratan de ponerle otra etiqueta que parezca más elegante.
- Ahora le dicen "prensa amarilla".
- A los chismosos que buscan vivir de este tipo de información se les llama "chismólogos" o "paparazos".
- Otros se esconden tras el título de "reporteros de farándula" para ventilar la vida privada de las figuras públicas.

Lo triste de este tipo de actividad es que muchas veces la información que se ofrece a los medios no es una información confirmada, por lo que casi nunca es posible enmendar los errores y los consecuentes daños que esta información distorsionada provocan.

El problema con esta práctica es que una vez se dice lo que se dice, el daño ya está hecho. Casi nunca se puede revertir el perjuicio que se puede provocar con unas simples palabras.

Ahora bien, ¿por qué es necesario decir la verdad? Porque nuestra credibilidad está atada a nuestras palabras. El daño, entonces, es un daño mutuo. Si nuestras palabras no son filtradas por la verdad, le provocamos daño a los demás, pero también a nosotros mismos.

Considere esta breve anécdota.

Una mujer se disponía a hacer una cena especial para un grupo de personas. Había decidido preparar un pollo relleno como plato principal, por lo que fue a la carnicería del pueblo y le pidió al carnicero que le vendiera el pollo más grande que tuviera. El hombre fue a la nevera donde tenía el último pollo que le quedaba.

- Aquí lo tiene, señora. Casi 4 libras. – dijo el carnicero al pesarlo en la balanza.
- Bueno, - dijo la señora, - se lo agradezco, pero no creo que alcance. ¿No tendrá otro más grande?

El hombre regresó con el pollo al refrigerador y de momento se le ocurrió una gran idea. Hizo como que buscaba entre el hielo otro pollo y regresó al mostrador con el mismo pollo que había sacado inicialmente.

Al pesarlo, hizo presión disimuladamente con los dedos, logrando que la balanza indicara un peso mayor.

- ¡Excelente! - dijo el carnicero. ¡Cinco libras y media!

La señora se quedó pensando por un momento, haciendo algunos cálculos mentales.

- ¿Sabe qué?, - dijo la señora, - en realidad lo he pensado mejor. He decidido llevarme los dos pollos. ¿Me los envuelve, por favor?

La verdad no es una cinta elástica que se estira a conveniencia para acomodar la realidad a nuestras palabras. La verdad es un lazo que nos ata a la realidad de nuestras palabras.

Así que nuestro primer filtro es la verdad.

Cuando el maestro filósofo de nuestra historia le preguntó a su joven discípulo si lo que le iba a contar era cierto, el joven le respondió que no estaba seguro. Él simplemente lo oyó comentar a unos vecinos.

A esto, el sabio maestro le preguntó a su discípulo:

- Entonces, al menos debes pasar tus palabras por el segundo filtro, que es la bondad. Eso que vas a decirme, ¿es bueno para alguien?

2. Bondad

Yo pienso que una de las espadas más fáciles de desenvainar desde nuestra boca es el reproche. Sobre todo, porque cuando le reprochamos algo a alguien lo hacemos porque nos sentimos con derecho a hacerlo, bien sea porque teníamos la razón en determinada circunstancia o porque la otra persona desobedeció nuestra orden o nuestra instrucción.

- El reproche es una de las armas más letales para destruir la autoestima de los demás.
- El reproche es uno de los recursos más usados para tratar de imponer nuestra voluntad y manipular la conducta de los demás.
- El reproche es muchas veces una burla hacia nuestros semejantes.
- El reproche es una manera furtiva de querer tomar la "justicia" en nuestras manos.

En la mayoría de estos casos, el reproche es sencillamente la falta de bondad en nuestras palabras. La Palabra de Dios nos declara muy sabiamente el efecto de saber utilizar las palabras con bondad. Proverbios 10:21 nos dice que las palabras filtradas con bondad apacientan a muchos. Las palabras filtradas con bondad traen paz, aún cuando estas palabras sean un reclamo válido.

En una ocasión, una joven paciente de esquizofrenia incendió su cuarto en una institución para pacientes mentales. De más está mencionar el revuelo que esta acción de esta jovencita causó entre todos.

Por casi una hora el personal de la institución trató de obtener de la muchacha una razón o un motivo para haber hecho lo que hizo. La joven permaneció callada, sin mirar a nadie y prácticamente encogida en su asiento.

En ese momento, un joven compañero se le acercó muy despacio, se arrodilló delante de ella y le dijo:

- ¿Sabes una cosa? Yo te entiendo. A veces no queremos hacer las cosas que hacemos, pero eso no quiere decir que seas mala. Eres una de las nuestras. Yo estoy para apoyarte. Yo no voy a hacerte daño.

La jovencita comenzó a reaccionar. Le explicó a este muchacho cómo su madre le reprochaba por las malas decisiones que había tomado en su vida. Apenas se escuchaba su voz entrecortada cuando ella le dijo a su nuevo amigo:

- Yo quería morirme. Por eso prendí fuego a la cama. Pero yo no quería hacerle daño a nadie. No pensé que alguien más podía salir lastimado.

Esta declaración fue suficiente para que el personal especializado del hospital encontrara la causa de la esquizofrenia de esta joven, y comenzara su eventual tratamiento terapéutico.

En ocasiones no nos damos cuenta de que nuestras palabras pueden encender un fuego ajeno que dañe a muchas otras personas. En realidad el fuego no comenzó porque esta joven haya encendido su cama, sino con las palabras con las que su madre la había quemado.

Realmente las palabras no se las lleva el viento. Siguen causando efecto por mucho tiempo después de pronunciadas.

Es por eso que nuestras palabras deben ser filtradas con bondad. Proverbios 15:1 también nos dice:

"La blanda respuesta quita la ira; mas la palabra áspera hace subir el furor". (RVR60).

Filtrar nuestras palabras con bondad puede evitar un gran incendio en nuestras relaciones personales, en nuestro hogar, en nuestra sociedad, y hasta en un hospital de salud mental.

Regresando a nuestra historia del principio, el joven discípulo le respondió a su maestro que realmente lo que quería contarle no era nada bueno. Por el contrario, lo que quería decirle era verdaderamente terrible. Inmediatamente, el filósofo le dijo lo siguiente:

- ¡Ah, ya veo! Debe ser algo terrible en verdad. Confío que, al menos, eso que quieres decirme lo puedas filtrar por el tercer filtro, que es la necesidad. Dime, hijo, ¿es necesario hacerme saber eso que te perturba?
- A decir verdad, maestro, no creo que sea absolutamente necesario que se lo diga…

He ahí nuestro tercer filtro.

3. Necesidad

Decir algo puede ser determinante en la vida de una persona. No obstante, como hemos visto, nuestras palabras deben ser filtradas para que no lleguen a oídos de los demás con todas las impurezas que a veces se encuentran en ellas. Ciertamente, en muchas ocasiones, lo que decimos no está perfectamente purificado con la verdad.

Por otro lado, a veces decimos las cosas sin medir el daño que nuestras palabras pueden causar. A veces decimos las cosas tal y como las escuchamos o las sentimos con el pretexto de "vender las cosas al costo". También tenemos la morbosa costumbre de querer decir la verdad cruda con el pretexto de que, si esa verdad lastima a la otra persona, es porque "la verdad duele".

Esto, sin embargo, no quiere decir que debemos mentir con tal de no causar daño a nadie. Lo cierto es que las cosas, aún cuando sean verdad, hay que saberlas decir.

De otra parte, muchas veces es mejor refrenar nuestros labios, como nos dice Proverbios 10:19, porque muchas veces esto es más prudente. En ocasiones, saber la verdad no nos da el derecho a entrometernos en asuntos que no nos incumben.

La Biblia nos exhorta a refrenar los labios, como nos dice Proverbios 10:19, porque refrenando nuestros labios podemos, incluso, salvar nuestra propia vida.

Hay una aves que viven en las montañas del sur de Turquía que son muy reconocidas por los habitantes del lugar porque cacarean mucho, especialmente cuando vuelan. El ruido que hacen llama la atención de las águilas, las cuales se lanzan desde las alturas para atacar a estas aves y comérselas. Las aves más experimentadas, o las más ancianas, evitan esta amenaza recogiendo piedras en su pico hasta que lo tienen completamente lleno. Esto les impide cacarear, y de esa manera logran salvar sus vidas.

En ocasiones, decir las cosas no es lo más prudente.

El hombre más sabio sobre la Tierra, el Rey Salomón, expresó lo siguiente:

"El que guarda su boca preserva su vida; mas el que mucho abre sus labios tendrá calamidad". (Proverbios 13:3).

Salomón también nos enseña lo siguiente:

"Los labios del necio provocan contienda, y su boca llama a los golpes". (Proverbios 18:6).

Realmente podríamos evitar mucho dolor y muchos problemas si aprendiéramos a controlar todo lo que decimos. Conozco varios refranes populares que nos describen esta realidad:

- Uno es dueño de lo que calla y esclavo de lo que dice.
- Si no piensas lo que dices, podrías terminar diciendo todo lo que piensas.
- En boca cerrada no entran moscas.
- Calladito, calladito uno se ve más bonito.

El final de nuestra historia central es muy interesante. Cuando el joven discípulo le respondió a su maestro que lo que tenía que decirle no era absolutamente necesario, el sabio filósofo dijo:

- Entonces, si no es verdadero, ni bueno, ni necesario, lo mejor que podemos hacer es sepultarlo en el olvido.

A veces lo mejor que podemos hacer es llenarnos la boca de piedras para evitar decir lo que no conviene. No es conveniente hablar de más, porque a veces terminamos exagerando la versión de la verdad. Refrenar los labios es prudente, pues evita daños innecesarios a la reputación y el testimonio de los demás, y hasta puede ser la diferencia entre la vida y la muerte.

Sobre todo, recordemos filtrar nuestras palabras. Hablemos solamente con la verdad, con toda la intención de que sea bueno y si es absolutamente necesario.

La verdad, la bondad y la necesidad son los filtros de nuestras palabras...

PLAN FAMILIAR PPM

No cabe duda que el mejor modelo de vida es el modelo de Dios. Un modelo de vida tan perfecto que aplica eficientemente para cualquier cultura del mundo. Es por eso que si seguimos su modelo de vida somos llamados hijos de Dios, aunque estemos en cualquier parte del mundo.

La palabra clave de este modelo de Dios es crianza. Como hijos, recibimos crianza por parte de nuestros padres. Como hijos de Dios, también nuestro Padre nos imparte su crianza. Cuando se cría se educa, se instruye. Por tanto, la crianza implica la existencia de un orden de funcionamiento. Existen unas pautas, unos límites. ¿Cuáles son esos límites y cómo los aprendemos? Por medio de la crianza.

Dios establece unos mandamientos, ante los cuales se nos demanda que obremos. Si obramos en obediencia y de acuerdo a esos mandamientos divinos recibimos la recompensa que estos mandamientos prometen. Si por el contrario, desobedecemos y obramos en desacuerdo con los mandamientos establecidos recibiremos el castigo que esos mandamientos prometen.

Los mandamientos prometen galardones para quienes los obedecen, y establecen castigos para quienes faltan a la obediencia de ellos. No existe, pues, un modelo de justicia más perfecto que el modelo de Dios.

Es precisamente esta visión la que Dios comparte con sus hijos para que, a su vez, la compartan con los suyos. Un modelo en el cual se establecen las normas y los límites que los padres diseñan para el buen funcionamiento del hogar. Estas normas y límites deben ser observados y acatados por los hijos. Si lo hacen de esa manera obtendrán buena recompensa. Por el contrario, si desobedecen y violan las normas y los límites establecidos, serán castigados.

Naturalmente, estas normas y límites son representativos de un orden. Los padres los determinan y los hijos los obedecen. Lo mismo sucede con las normas y límites establecidos por Dios. Él habla y nosotros obedecemos. Por tanto, invertir el orden puede terminar en desorden. Aquí no hay otra opción. El orden no puede presentarse en la dirección contraria.

Ahora bien, el establecimiento de este modelo requiere que los padres instruyan a sus hijos a cómo obedecer y respetar los límites.

No sería justo implementar un sistema sin antes explicar a los implicados cómo funciona. El modelo de Dios para con sus hijos está ampliamente detallado en las Escrituras. Por tanto, los hijos de Dios no tienen excusa para violar las reglas divinas, pues Dios ha sido claro en la explicación de sus normas.

Es en este punto donde la instrucción se toma de la mano con la crianza para el desarrollo del modelo de vida de Dios. Dios espera que nosotros aprendamos sus enseñanzas para que luego vivamos por ellas. Este es el mismo método que debemos implementar con nuestros hijos. Enseñar para que nuestros hijos aprendan.

Desde el Antiguo Testamento se observa cómo Dios escoge un pueblo para implementar su modelo, y que el pueblo viva de acuerdo a las normas que el modelo determina. La clave para esta implementación se encuentra en el primer sistema donde el individuo tendrá interacción: La familia.

Es en el núcleo familiar donde se impartirá la enseñanza para un comportamiento posterior en los demás sistemas sociales. Por eso Dios escoge la familia como punto de origen. Por eso no somos meramente ciudadanos del cielo. Somos hijos del Padre.

En el Nuevo Testamento se nos presenta el modelo de Dios ya encarnado en la figura de Jesús. Un hijo que es tan igual al Padre que por eso son Uno. Un modelo que cobra sentido desde el mismo momento en que Dios escoge para Jesús una familia que vive bajo las normas establecidas en las Escrituras.

No fue al azar que Dios escogió a José y a María para ser los padres de Jesús. Tenía que ser una pareja que conociera las reglas divinas y que pudieran transmitirlas a su hijo, de manera que el crecimiento integral de Jesús tomara la forma que el Padre quería. Tenía que ser un modelo de crecimiento intelectual, emocional, espiritual y relacional como retrato de la crianza que Dios quiere para sus hijos y los hijos de sus hijos. El hecho de que Lucas 2:52 nos presenta a Jesús creciendo en ese modelo es representativo de que el plan de Dios es perfecto para el crecimiento adecuado, y de que esta familia estaba practicando el plan de Dios de manera perfecta.

El modelo de Dios es perfecto. Pero no basta con que reconozcamos que es perfecto. El modelo de Dios debe y tiene que funcionar en nuestras vidas. Esa formación divina debe reflejarse en la formación que damos a nuestros hijos. De esta manera, nos convertimos en representantes de Dios en la crianza de nuestros hijos.

Criar es discipular. Con la crianza enseñamos a nuestros hijos lo que deben aprender para que luego ellos lo enseñen a sus hijos, y así sucesivamente. Por tanto, es necesario que los padres comprendan esta visión educativa como un ministerio de Dios en la Tierra. Dios nos ha escogido como padres de una criatura única y especial. Esto convierte nuestra misión de padres en un ministerio pastoral. Un ministerio que educa, protege y corrige constantemente.

Este ministerio se implementa y se activa desde que la nueva vida es acogida en el vientre de la madre. Vibraciones emocionales positivas deben ser ingredientes vitales en la placenta materna. Este desarrollo inicial es grandemente significativo. Estudios científicos demuestran que la criatura comienza a experimentar sentimientos desde sus primeras etapas de la gestación, sintiendo los mismos sentimientos que vive la madre y los que percibe en el exterior.

Una vez nacida la criatura, el proceso de enseñanza se produce mayormente por instrucción y ejemplo de los padres. Es importante que nuestros hijos vean que practicamos lo que les predicamos. Por esa razón es que los límites y normas que establecemos en el hogar no pueden implementarse de manera caprichosa.

Nosotros debemos ser los primeros en observarlos y acatarlos. De otra manera, no hay fuerza moral para posibles reclamos.

A continuación quiero presentarle las siguientes guías que le permitirán entender algunos conceptos de convivencia que son de gran importancia para este plan familiar que he llamado "Plan Familiar PPM". El mismo funciona como un código de leyes o reglas de acuerdo al plan de Dios para la crianza de nuestros hijos:

1. Ley de inversión.

Por ley de inversión entendemos el compromiso de la pareja en invertir sus vidas primeramente en ellos y luego en sus hijos. Es desarrollar en la pareja lo que luego la pareja dará a sus hijos. Ser el ejemplo de trato personal que el niño adoptará en el futuro.

A su vez, la inversión inicial entre la pareja tendrá un efecto redundante en la vida de los hijos.

2. Ley de congruencia.

Básicamente se trata de la palabra y la acción obrando en común acuerdo. Es vivir lo que se enseña y predicar con el ejemplo.

3. Ley del amor.

El propósito de esta ley es el de enseñar a dar y recibir afecto. Es desarrollar la capacidad del compartir. Naturalmente, no podemos dar lo que no tenemos. Por tanto, la aplicación efectiva de esta ley dependerá fundamentalmente de la Ley de Inversión. Si primeramente aprendemos a dar amor, estaremos en la posición propia y moral de poder enseñar a nuestros hijos a dar y recibir amor.

Esto a su vez asegurará que otros conceptos tergiversados y equivocados del amor pretendan usurpar el lugar, el significado y el valor del verdadero amor.

4. Ley de la promesa.

Es importantísimo cumplir lo que se ofrece. Esto crea en el hijo la expectativa de una conducta predecible. Los hijos sabrán a qué atenerse con sus padres y los padres sabrán qué pueden esperar de sus hijos.

Esto dará seguridad y confianza en los hijos en cuando a la palabra y conducta de sus padres.

5. Ley del entendimiento.

Nuestros hijos son únicos e inigualables. Debemos comprender que tienen formas de pensar y sentir que debemos escuchar. Comparaciones con otros modelos son totalmente inservibles. Sus sentimientos y sueños son tan únicos como ellos. El diálogo sobre temas y necesidades es imprescindible para comprenderlos y ayudarlos.

Esta ley permite que conozcamos a nuestros hijos en todos los aspectos de la vida, y nos permitirá ser de utilidad en su desarrollo pleno.

6. Ley de la creatividad.

El potencial del hijo se proyecta en sus imaginaciones. Debemos estimularlos a que puedan darle forma y así, tanto padres como hijos, desarrollan una mejor comprensión de estos sueños y pueden trabajar mejor en su consecución. Esta práctica desarrollará un profundo respeto entre padres e hijos, pues ambas partes valorarán la aportación mutua.

7. Ley del poder.

Es la habilidad de compartir el poder, lo que elimina la necesidad o el deseo del hijo de usurpar el mismo.

Se comparte poder cuando se le permite al hijo tomar ciertas decisiones y hacerse responsable por las consecuencias de esas decisiones. Esto crea carácter y respeto por el poder, fortalece la autoestima y produce mayor admiración a los padres por la confianza depositada en ellos.

8. Ley de la equidad.

Esta ley trata esencialmente sobre el sistema o patrón de recompensas y castigos justos, enfocados en la comprensión del niño del error cometido y la importancia de comportarse correctamente para que obtenga buenas recompensas de la vida.

El niño debe entender que todas sus acciones, buenas o malas, producen unas consecuencias. La retribución a esas acciones, sin embargo, debe impartirse en justicia y en ánimo restaurador.

9. Vivir a la luz del temor de Dios.

Esta ley es fundamental para todos los seres humanos. Sobretodo, porque vivir de acuerdo a las leyes divinas son garantía de bendición. Se trata de tener un profundo respeto por Dios y sus enseñanzas. Es sinónimo de una conducta conforme al plan de Dios.

Más aún, se trata de observar, respetar y obedecer el plan original de Dios como creador de la familia. Debo decir que, si Dios no forma parte esencial de nuestra familia, no podremos aplicar efectivamente ninguna de las leyes anteriores. Esto, porque Dios es el fundamento de todo plan familiar.

Si usted recuerda bien, todos los problemas del hombre comenzaron en el jardín del Edén por un lío de familia. No podemos, ni debemos, sacar a Dios de nuestro panorama. Si realmente queremos restaurar al mundo, debemos comenzar por trabajar en casa. De familia en familia. Una por una. Comenzando por la nuestra.

Ser padres es, de por sí, una Gran Comisión. Como ministros de la ley de Dios debemos cumplir nuestra misión de manera cabal. Seamos buenos ministros siendo buenos padres. Seamos buenos padres siendo una buena pareja...

VIDA POR EL LIBRO

Lectura: Proverbios 3:1-4, 21-26

Hace poco miraba en la televisión un reportaje especial sobre los confinados en las cárceles de mi país. En el mismo escuché hablar a muchos de ellos, en su mayoría jóvenes. Algunos de ellos estaban bien preparados académicamente. Otros, en opinión de mi esposa, eran muy bien parecidos. Pero, a medida que transcurría el documental, pude identificar unas características comunes en cada confinado que fue entrevistado.

- Todos estaban presos por violar la ley.
- Todos estaban arrepentidos de los hechos que cometieron.
- Todos estaban de acuerdo en que la cárcel es el peor ambiente para vivir. (Interesante, pues muchos de ellos vivieron en ambientes familiares y sociales muy conflictivos).
- Todos parecían tener las capacidades, habilidades y atributos básicos o necesarios para sobresalir positivamente en la sociedad.
- Todos pretendieron aconsejar desde su experiencia personal a los jóvenes que están en la libre comunidad a que se apartaran del camino de la violencia y a que respetaran y obedecieran las leyes.

Escuchar a estos jóvenes me hizo pensar en las cantaletas de mis padres, en los regaños de mis abuelos, en los consejos de mis maestros y en los sermones de mi pastor. Desde luego, también recordé unos refranes muy conocidos:

- El que no oye consejo, no llega a viejo.
- Nadie escarmienta por cabeza ajena.
- El que no cree en su mamá, cree en su mama-abuela.
- No es lo mismo llamar al diablo que verlo venir.

Yo concuerdo totalmente con las expresiones y consejos que estos confinados manifestaron. Ellos hablaron convincentemente porque hablaron desde su experiencia. Hablaron por boca de sabios porque ahora ellos saben. Saben, porque en carne propia han experimentado las consecuencias de no respetar ni obedecer los consejos y las advertencias.

No obstante, la Palabra de Dios nos presenta otra alternativa de aprendizaje. Dios nos ofrece por medio de las Escrituras una mejor forma de aprender las cosas. Así como estos confinados aprendieron que desobedecer la ley trae malas consecuencias, nosotros podemos aprender que obedeciendo la ley tendremos buenas consecuencias.

La vida siempre nos está enseñando. La vida es una maestra. Una maestra que habrá de enseñarnos, por las buenas o por las malas. Y, créame, no es lo mismo ni se escribe igual.

Ahora bien, en la vida hay muchas leyes que desconocemos. Sin embargo, como me dijo una vez una fiscal federal, el no conocer la ley no nos hace inocente de ella. En las cárceles del mundo hay mucha gente que está presa porque estaban haciendo cosas que sabían que eran contrarias a la ley. Pero también hay muchas personas que están confinadas en una prisión porque no sabían que lo que estaban haciendo constituía un delito. Por lo tanto, desconocer la ley puede convertirnos en delincuentes sin quererlo. Yo pienso, entonces, que lo primero que debemos hacer, si queremos respetar y obedecer la ley, es conocerla. No es posible respetar y obedecer una ley que desconocemos.

Es por eso es que el libro de Proverbios nos aconseja a que busquemos la sabiduría. Sobre todo, porque Proverbios 3:1 sugiere que la ley y los mandamientos de Dios ya existen. Entonces, si existen, lo que debemos hacer es conocerlos, ¿no le parece?

El libro de Proverbios está constantemente exhortándonos a buscar la fuente que nos conducirá al conocimiento.

Y ciertamente, la fuente principal del conocimiento y de la sabiduría se encuentra en Dios y en Su Palabra. En este pasaje particular, buscar la sabiduría es el llamado a procurar en nuestra vida aquello que nos hace falta para ser cada vez mejores en todo.

Ser sabio no es, sin embargo, saberlo todo. Querer saberlo todo es, en muchas ocasiones, aflicción de espíritu, pues realmente nunca tendremos esa capacidad. Ser sabio es, más bien, saber dónde voy a buscar lo que necesito buscar. En ese sentido, y porque Dios conoce la realidad de nuestras limitaciones, es que Dios ha procurado en todo tiempo simplificar las verdades de Reino.

- Note bien que Jesús siempre enseñó por parábolas, para que la gente pudiera entenderlo.
- Dios hizo simple el plan de salvación. Para ello, logró con la muerte de uno la restauración y la salvación de muchos.
- El yugo, o la servidumbre en el Señor, no es una molestia. No requiere de sacrificios imposibles o de imponerse metas inalcanzables.

¿De qué manera, entonces, Dios simplifica su ley para que nosotros podamos cumplirla?

En Mateo 22:36-40 encontramos un poderoso pasaje que hace referencia a tales efectos:

"Maestro, ¿cuál es el gran mandamiento de la ley? Jesús le dijo: Amarás al Señor tu Dios con todo tu corazón y con toda tu alma y con toda tu mente. Este es el primero y grande mandamiento. Y el segundo es semejante: Amarás a tu prójimo como a ti mismo. De estos dos mandamientos depende toda la ley y los profetas". (RVR60).

Jesús enseña que guardar toda la ley y los profetas se concentra en amar a Dios sobre todas las cosas y al prójimo como a nosotros mismos. No obstante, podemos hacer una importante distinción en este punto. Dios es uno, y amar a Dios no admite otra consideración que no sea amar al verdadero Dios. Nada puede ocupar el lugar de Dios en nuestra adoración y reconocimiento. El prójimo, por otra parte, podemos decir que son tanto aquellos que son nuestra familia como aquellos que no lo son. Siendo así, la enseñanza de Jesús es más específica y más fácil de entender. Lo que Jesús está enseñando realmente es que amemos a Dios, a nuestra familia y al resto de las personas.

Podemos decir, entonces, que Dios reduce el cumplimiento de la ley en general a 3 fundamentos básicos en la vida del hombre:

Dios, la familia y la sociedad. Y, desde luego, cada uno de estos fundamentos tiene sus leyes. Veamos cada uno de estos fundamentos y sus leyes en detalle.

1. La ley de la casa.

Hay un refrán que dice: "La justicia comienza por casa". Este refrán nos recuerda de una manera práctica que el hombre nace en una familia porque desde su nacimiento Dios ha procurado que el hombre aprenda a vivir en un contexto social. Entonces, la familia se convierte en ese ambiente social primario de todos los seres humanos.

Esta es la razón por la que el hombre no nace de una "mata de plátano", ni tampoco lo trae la cigüeña. La familia es esa primera escuela en la que aprendemos a comportarnos. Eso quiere decir que el hombre va a aprender dentro el hogar el comportamiento que mostrará fuera del mismo.

Siendo así, una de las verdades prácticas fundamentales para la vida del ser humano es que ese patrón de conducta que lo caracteriza está definido por la forma en la que fue criado en el hogar. Comportarnos, pues, significa, conducirnos de acuerdo a la manera propia que nos enseñaron en el hogar de origen.

Si esto es cierto, entonces podemos llegar a la conclusión de que esa forma, manera, estilo o modelo de conducta aprendido es a su vez una forma, manera, estilo o modelo enseñado. Lo que esto implica es que en ese hogar hubo *alguien* que implantó esos estilos.

- Alguien en el hogar determinó lo que se iba a hacer y lo que no se iba a hacer.
- Alguien puso límites.
- Alguien puso pautas.
- Esas son las leyes del hogar.
- Esas son las reglas de la casa.

Ahora bien, el planteamiento es mucho más abarcador. Si el estilo o modelo de conducta es enseñado por unos y es aprendido por otros, sugiere que la enseñanza estará presente con todo lo que se haga, pero también estará presente con todo lo que NO se haga.

Se enseña con la acción, pero también con la inacción. ¿Se da cuenta ahora por que decimos que la vida nos enseña de todas maneras?

Alguien enseña, haciendo o no haciendo, para que otro aprenda. Esta verdad práctica y bíblica sugiere a su vez unas observaciones importantes.

En primer lugar, el llamado inicial es a que los padres sean quienes establezcan las reglas del hogar. Esta es una responsabilidad ineludible porque, de acuerdo a lo que hemos mencionado, no establecer reglas en el hogar es establecer un hogar sin reglas. Son los padres y las madres los que, en consenso, tienen el deber de determinar lo que es aceptable o inaceptable en el hogar.

Esto es:

- A lo que se le permite o se le niega la entrada en el hogar.
- La asignación propia y adecuada de las tareas de todos los componentes de la familia.
- La conducta de todos los miembros de la familia.

Ese cuidado especial, responsable y esmerado les corresponde a los padres. Es en los padres en quienes recae esta responsabilidad y las decisiones al respecto.

Pero esto, a su vez, significa que deben ser los padres quienes observen y respeten primero las reglas y leyes que ellos mismos hayan establecido. Esto ayudaría mucho a evitar equivocaciones y contradicciones.

Si las reglas son ambiguas, y si no se respaldan con el ejemplo, entonces el control del hogar carece de fuerza y de moral.

Los hijos, por su parte, tienen la obligación de observar y respetar las buenas costumbres de la casa. Lo que los hijos deben entender es que, si bien es cierto que algunas leyes y reglas del hogar suelen ser molestas e incómodas, todas las leyes, inclusive las del hogar, tienen la intención de garantizar los beneficios que esas leyes consideran.

Las leyes no son únicamente para controlar. Las leyes también protegen. Las leyes aseguran el derecho a disfrutar de las cosas buenas que ellas mismas contemplan. Por tanto, cada uno de nosotros, desde nuestro hogar, debe entender que las leyes procuran que hagamos buen uso de los privilegios, y a su vez impiden que alguien pueda hacer mal uso de esos privilegios.

Eso es justicia, tanto para los que respetan la ley como para los que no la respetan. Este es un principio de vida fundamental para todos. Esta es la primera etapa legal y de conducta de los seres humanos. No cumplir con esta primera etapa de la vida puede traer complicaciones en la observación y cumplimiento de las leyes en nuestro siguiente componente básico en la vida.

2. La ley de la sociedad.

Como hemos establecido, la familia es el primer contexto de relación e interacción social de los seres humanos. El núcleo familiar es el lugar donde se forma y se desarrolla el carácter de cada individuo. La conducta aprendida en el hogar es prácticamente la llave con la que abrimos la puerta hacia nuestra interacción con el resto del mundo. Por tanto, el comportamiento en el hogar será el mismo comportamiento que llevaremos a nuestra relación con el resto de la sociedad. El respeto y cuidado con el que observamos las leyes del hogar será, entonces, el mismo respeto y cuidado con el que observaremos las demás leyes de la sociedad.

Es aquí donde podemos confrontar un peligro mucho más serio. No respetar las leyes del hogar nos trae consecuencias negativas en el hogar. Pero no respetar las leyes de la sociedad puede traernos consecuencias nefastas y desastrosas.

Aquel que no respeta las leyes de la casa, pierde los privilegios garantizados por las leyes de la casa. Por lo mismo, aquel que no respeta las leyes de la sociedad, pierde igualmente los derechos garantizados por las leyes de la sociedad.

En definitiva, no respetar las leyes nos trae consecuencias indeseables para nuestra vida. Ahora bien, en el caso de Dios, ¿sucederá lo mismo?

3. La ley de Dios.

Básicamente lo que hemos tratado de demostrar hasta este momento es exactamente lo mismo que Jesús quería demostrar por medio de parábolas. No hay nada mejor que un ejemplo vivo para demostrar un punto o para hacer una referencia.

El principio práctico de las leyes del hogar y de las leyes de la sociedad es que ellas tienen la misma aplicación para las leyes divinas.

- Respetar y obedecer la ley de Dios traen Su bendición y Su favor a aquellos que son obedientes a ellas.
- Obedecer y respetar la ley de Dios garantiza el cumplimiento de Sus promesas en nuestra vida.
- De igual forma, no obedecer ni respetar las leyes bíblicas trae como consecuencia el castigo y la maldición que esas mismas leyes consideran para los desobedientes.

En estos tres fundamentos para la vida se alcanza el respeto, la protección y el favor cuando se observan, se respetan y se obedecen las reglas que cada uno de ellos establece.

Cumplir con las leyes y reglas de la casa, de la sociedad y de Dios nos proporcionan:

- Una buena posibilidad de llegar a viejo. (Proverbios 3:2).
- Buen testimonio y reputación para con todos. (Proverbios 3:4).
- Una conciencia tranquila. (Proverbios 3:24).
- Una vida próspera y fructífera. (Proverbios 3:2 y 22).
- Una ruta segura por la vida. (Proverbios 3:23).
- Paz, seguridad y confianza. (Proverbios 3:25-26).

El consejo de la Escritura es, y siempre será simple: Honrar a los padres, respetar al prójimo y amar a Dios. El consejo es para todos, pues aunque algunos somos padres, igualmente somos hijos, y nuestros hijos algún día serán padres. Estas son, en esencia, las tres leyes que todos nosotros debemos respetar. Solamente así estaremos "en ley".

Sólo así viviremos "una vida por el libro"...

JARDINERO

Lectura: Génesis 2:15

Fue muy interesante la reflexión que compartía con la iglesia un Día de los Padres. Para esa ocasión, utilicé una proyección en la pantalla de un dibujo de un hombre trabajando en un jardín. La ilustración mostraba a este hombre vestido con un tipo de uniforme que tenía la palabra "PADRE" en la parte delantera, y se encontraba en medio de un huerto, donde las plantas tenían unos frutos. Cada uno de esos frutos mostraba una letra, las cuales formaban la palabra "FAMILIA".

En el dibujo aparecía otra persona asomada sobre una verja. Esa otra persona le preguntaba a este padre:

- ¿Por qué trabajas y te esmeras tanto en ese jardín?

El padre le contestó lo siguiente:

- Porque necesita constante cuidado y atención.

Yo entiendo que, de una forma especial, la familia y el Huerto del Edén son conceptos muy parecidos. Desde luego, algunos tal vez se rían de este comentario.

Otros seguramente me dirían: "Pastor, lo que pasa es que usted no vive en mi casa. Vivir con mi familia está muy lejos de parecerse a vivir en el Jardín del Edén. Vivir en casa es más parecido a vivir en el infierno".

Cuando digo que el concepto de la familia es uno muy parecido al concepto del Huerto del Edén es porque, en primera instancia, ambos conceptos son creación de Dios. Así como Dios creó el Jardín del Edén, también Dios es el creador de la familia.

Permítame en este punto hacer una consideración importante. Siendo que el Jardín del Edén y la familia son creaciones de Dios, podemos entender que el propósito de la creación de ambos conceptos debe tener la misma esencia. La armonía, la paz, la comunicación efectiva, el orden y la unión son características esenciales del Edén que deben ser similares en la familia. Esto, por varias razones:

- Porque el creador de ambas cosas es el mismo Dios.
- Porque Dios vive en familia. (Padre, Hijo y Espíritu Santo).
- Porque el hombre es creado a la imagen y semejanza de ese Dios que vive en familia.

Cuando Dios creó al hombre, lo colocó en un ambiente donde tendría todos los recursos necesarios para tener una vida plena. Es por eso que, según este pasaje de Génesis 2, el hombre fue puesto en el Jardín del Edén, porque allí tendría todo lo que necesitaría para vivir. De igual forma, cuando Dios crea a cada ser humano, lo coloca dentro de un ambiente en el cual este ser humano puede obtener todo lo que necesita y puede desarrollarse con todas las capacidades para tener una vida plena. Ese ambiente es la familia.

Ahora bien, el pasaje contiene una consideración especial. Así como menciona que el hombre fue puesto en este Jardín creado por Dios, el hombre fue puesto en ese Jardín con un propósito. El hombre fue puesto en un Huerto que Dios le dio, pero tenía la tarea de cuidar y cultivar ese Huerto. De igual manera sucede con la familia. Hemos sido puestos en medio de una familia que Dios nos ha dado, pero cuidarla y cultivarla nos toca a nosotros. El huerto nos lo da Dios. Mantenerlo es nuestra responsabilidad.

Ahora, yo quisiera compartir con usted una interpretación muy personal. Espero pueda compartirla conmigo, pues esta interpretación personal contiene unas implicaciones interesantes.

Note bien que el pasaje de Génesis 2:15 especifica que quien fue colocado en el Huerto del Edén para que lo labrase y cuidase fue **el hombre**. Recuerde que, desde la perspectiva de Génesis 2, la mujer no había sido creada todavía. (Desde luego, Génesis 1:27 menciona que el varón y la hembra fueron creados a la imagen y semejanza de Dios. En Génesis 2 no se niega esa verdad. No obstante, la cosmovisión de Génesis 1 no es la misma de Génesis 2. Génesis 1 narra la historia de la creación. Génesis 2 comienza narrando la historia específica del Jardín del Edén). Desde esa perspectiva, la tarea de cultivar y cuidar el huerto le fue asignada al hombre.

Mi intención en este punto es relacionar la tarea asignada al hombre en el Jardín del Edén con la tarea que Dios le asigna al hombre en medio de la familia. Por situaciones o circunstancias particulares y sociales, muchas mujeres han tenido que asumir el rol de padres en sus familias. Pero, de acuerdo al diseño de Dios, cada uno de los miembros de la familia tiene un rol asignado. En ese sentido, el hombre no debe ignorar ni descuidar su lugar en la familia. El hombre debe asumir su responsabilidad como varón, como sacerdote del hogar y como jardinero de su jardín.

Visto de esta manera, la ilustración que presentamos cobra una importancia extraordinaria, porque por medio de esa ilustración, podemos identificar algunos elementos necesarios para desempeñar la tarea de jardinero de la familia.

Es cierto que Dios nos da una familia. Los hijos, como siempre decimos, son bendiciones de Dios. Son frutos de amor, por lo que es necesario que esos frutos se conserven dentro de ese ambiente de amor. Esto no es tarea fácil. Requiere, entre otras cosas, de tener las herramientas necesarias para llevar a cabo la tarea. Y, desde luego, Dios también nos da esas herramientas. Con la ilustración del jardinero en mente, identifiquemos esas herramientas y su uso.

1. Abono

Una característica particular de los abonos es que no son todos iguales. Existen diferentes clases de abonos, con diferentes concentraciones de fertilizantes, con formulaciones variadas y para distintos tipos de plantas. Entonces, de acuerdo a la necesidad particular de cada planta es que el jardinero escoge el tipo de abono que utilizará con ella.

Todo buen jardinero debe conocer sus plantas, sus características especiales y sus necesidades particulares para saber el tipo de abono que escogerá para ellas. Asimismo, el padre de familia debe conocer los componentes de su jardín familiar, identificar las necesidades particulares de cada uno de ellos y aplicar el abono necesario, de manera que cuando lo haga no esté provocando ningún daño.

En ocasiones pensamos que cuanto más abono pongamos en una planta, mejor crecerá. La realidad es que poner más abono de la cuenta puede producir en la planta el efecto de dañarla o quemarla. Por tanto, un buen jardinero no solamente sabe el tipo de abono que necesita su planta, sino la cantidad adecuada del mismo.

El padre de familia debe tener presente que su misión como jardinero de la familia es procurar el alimento y las provisiones necesarias para todos los miembros de la casa. Esto es, que tengan todo lo que necesitan, no necesariamente todo lo que pidan.

La tarea del padre es garantizar el sustento, no necesariamente complacer caprichos. Hacer buen uso del abono es fundamental para la tarea del jardinero.

Proporcionar el sustento en la justa medida para cada miembro de la familia es tarea fundamental del padre.

2. Agua

El agua es vital para toda planta, pues el agua es la que permite que los nutrientes del terreno y de los abonos lleguen a la planta. El agua disuelve el alimento para que la planta lo pueda adquirir y asimilar.

En el caso de la familia, el agua tiene unas implicaciones importantes y hermosas. El agua permite regar nuestro jardín, lo que es representativo del amor con el que trabajamos para nuestra familia. De nada vale hacer provisión para las necesidades de la familia si estas provisiones no son recibidas con amor, es decir, con el agua que permitirá que la familia las reciba y las disfrute. El agua es la conexión entre el padre y los hijos, pues el agua es el amor que los conecta y los enriquece.

Pero el agua tiene otra implicación importante. Así como es necesario cuidar la clase que abono que ponemos en nuestras plantas, también es necesario cuidar la calidad del agua con la que regamos el jardín. El agua debe ser buena, no contaminada. Esta característica es muy importante, y Jesús nos habló de ella.

En Juan 4, Jesús se encuentra con la mujer samaritana en el Pozo de Jacob. En este encuentro, Jesús destaca la importancia del agua que solamente El puede ofrecer. Un agua que no termina. Que siempre fluye. Un agua diferente a las demás.

Si somos buenos jardineros, debemos considerar la necesidad de mantener unida nuestra familia en amor. Y no hay otro amor, ni otra agua como la que Jesús ofrece. Por tanto, para que la familia permanezca unida, nutrida y alimentada es necesario que nosotros como jardineros y padres busquemos la mejor fuente de agua y amor para nuestra familia: Jesucristo. Sin El, por más que nos esforcemos, fallaremos en nuestra tarea.

Sin Cristo en nuestra familia corremos el riesgo de morir de sed. De morir desnutridos y faltos de amor. Esta es la razón por la que muchos padres pretenden llenar esa necesidad con cosas materiales. Algunos de los caprichos de la familia son simplemente el intento de sustituir el alimento espiritual. El padre, como sacerdote de Dios en la familia debe procurar, en adición al alimento material, una sólida provisión de alimento espiritual. Así evitará confundir el alimento que le brinda a su familia, y procurará el balance perfecto entre ambas necesidades.

Por tanto, si no tiene a Jesucristo, si no tiene esa agua que salta para vida eterna, debe desde hoy comenzar a buscarla. De otra forma, no podrá darle a su familia lo que no tiene.

3. Verja

La verja alrededor de un jardín representa una protección necesaria contra los intrusos, ladrones y otros depredadores naturales de los huertos caseros.

De más está decir que la familia, al igual que cualquier huerto casero, está expuesta a las amenazas externas que diariamente acechan contra ella. Poner una verja alrededor de nuestro huerto es procurar protección para nuestra familia de posibles invasores externos. Por mencionar algunos:

- Los amigos de nuestros hijos y su influencia.
- Las personas mal intencionadas.
- El ambiente de la comunidad.
- Las drogas y otros vicios.
- Toda influencia contraria al plan de Dios.

Un buen jardinero procurará para su jardín un ambiente seguro y libre de peligros. Un buen padre de familia también procurará un ambiente libre de peligros para los suyos.

4. Plaguicida

Los jardineros saben que no basta con levantar una verja segura para evitar el peligro de daños a sus hortalizas. A pesar de una buena verja, siempre existirán plagas que logren penetrar la protección del huerto. Lo mismo sucede con la familia. Aún cuando procuremos mantener a nuestros hijos alejados de malas influencias externas, no podremos evitar que algunas "plagas" o males sociales logren penetrar el cerco. Esto suele ser inevitable, sobre todo porque constantemente estamos interactuando con el ambiente que nos rodea.

Si de todas maneras habrá invasores que logren introducirse en nuestro jardín, ¿tendremos aún alguna alternativa para evitarlo? Por supuesto que sí.

La mejor garantía de que los gusanos invasores no dañen los frutos del jardín es fumigando constantemente. De igual manera, tendremos la seguridad de que las influencias de la sociedad no causarán daño a nuestros hijos si mantenemos un constante programa de "fumigación de malas influencias", esto es, si constantemente estamos reforzando los valores familiares a nuestros hijos.

La Palabra de Dios nos dice en Proverbios 22:6:

"Instruye al niño en su camino, y aún cuando fuere viejo no se apartará de el". (RVR60).

Existen ciertos elementos que pueden amenazar nuestra familia desde adentro:

- El Internet y la televisión.
- Los malos ejemplos.
- Un ambiente familiar tenso e inseguro.
- Divorcios y otras situaciones familiares.

Es necesario e importante que, aún cuando estas influencias sean parte de una realidad inevitable, las mismas no logren dañar los frutos de nuestro jardín. Es necesario, como jardineros de este hermoso huerto, utilizar constantemente el plaguicida familiar por excelencia: <u>Los valores y las buenas costumbres del hogar</u>. De esta manera nos aseguraremos como padres de que, cuando una de estas plagas se acerque a nuestros hijos, morirá tan pronto intente tocarlos. Podrán acercarse, pero jamás lograrán penetrarlos ni dañarlos.

5. Azada

El trabajo con azada es una de las tareas más difíciles y molestosas para un jardinero. No obstante, este es un trabajo con el que el jardinero mantiene limpio el huerto de posibles yerbajos, cardos y espinas.

Mantener el terreno limpio es una tarea difícil, pero muy necesaria. En el plano de la familia, esta es la tarea menos apreciada por los hijos, y la que más evitan los hombres en el hogar. Esta tarea es la muy difícil y molestosa tarea de la disciplina.

Desafortunadamente, nuestra sociedad actual y la desintegración familiar que vivimos ha hecho creer a muchas personas, padres y madres, de que la tarea de disciplinar a los hijos es una tarea exclusiva de la madre. Lo cierto es que, en nuestra realidad social, la madre conserva la custodia de los hijos en más de un 90% de los casos de divorcios. Esto ha provocado que:

- Los padres no quieran involucrarse en la disciplina de los hijos. Hay padres que se divorcian también de los hijos.
- Las madres piensen que los padres no deben tener participación alguna en la disciplina de los hijos. (Esto, a manera de venganza o castigo a la ex pareja, por razones diversas).

Lo cierto es que, en un principio, esta dinámica familiar no era así. Dios designó al hombre como cabeza de la familia y sacerdote del hogar. Esto, lejos de otorgar unos poderes de los cuales el varón pudiera jactarse, realmente imponen sobre el hombre una gran carga.

En nuestros tiempos el hombre ha encontrado conveniente evitarse ese difícil trabajo, abandonando su responsabilidad paternal para con los hijos y cargando a la mujer con una tarea que no le correspondía. Por su parte, las mujeres han utilizado en ocasiones el mecanismo del distanciamiento para castigar a su ex pareja, sin considerar que tanto uno como el otro están causando daños irreparables en el huerto familiar.

La azada es sinónimo de corrección y disciplina. Es enseñar el respeto y hacer valer las buenas costumbres. La azada también es sinónimo de la poda. Podar nuestras plantas les permitirá crecer de forma fuerte y saludable. Pero la poda duele. La poda siempre es motivo de resistencia y rechazo. La poda hace ver al jardinero como "el malo de la película". Pero, por más indeseable que parezca este trabajo, es de suma importancia que el jardinero lo haga, sobre todo, porque un buen jardinero conoce los beneficios de esta práctica.

De igual manera, un padre conoce los beneficios de una buena disciplina en el hogar. Recuerde que la forma en la que criamos a nuestros hijos en el hogar es el reflejo de la conducta que ellos exhibirán fuera de la casa. El respeto a las leyes de la sociedad comienza por el respeto a las leyes del hogar.

Podar las plantas garantiza un crecimiento adecuado. La corrección y la disciplina evitarán que nuestros hijos crezcan torcidos. En ese sentido, la firmeza de la mano del padre es perfecta para esta tarea.

6. Trabajo Manual

Cualquiera diría que el trabajo manual se ha manifestado a través del uso de las demás herramientas. Sin embargo, el trabajo manual tiene para el jardinero un significado especial.

No hay una mayor satisfacción que la que produce el deber cumplido. Es maravilloso escuchar a nuestros hijos hablando del esmero y el cuidado con el que cuidamos a nuestra familia. Pero todo esto puede ser posible si verdaderamente "metemos la mano" al jardín familiar.

El trabajo manual es símbolo de la honestidad, la honradez y el ejemplo con el que desempeñamos nuestra tarea.

- Se trata del compromiso con la familia de no violentar todo lo que se ha construido.
- Es el compromiso del padre a respetar igualmente las leyes de la casa.
- Es educar y enseñar con el ejemplo. Es vivir lo que predica.

Sobre todo, tenemos que considerar que, cuando la honestidad, la honradez y el ejemplo son parte de nuestro trabajo como jardineros del hogar, estamos enseñando a nuestros hijos lo que deben hacer en sus respectivos hogares cuando crezcan. El trabajo manual no sólo garantiza el buen fruto del huerto, sino que también garantiza una buena semilla en esos frutos. Viendo ellos cómo hacemos nuestro trabajo, sabrán cómo deben realizar su trabajo cuando les toque.

7. Presencia

Finalmente hemos llegado a considerar una herramienta que parece demasiado obvia. De hecho, parece tan obvia que en ocasiones pasa desapercibida o no se considera importante. Pero, realmente la presencia es una de las herramientas más poderosas de un jardinero.

Cuando el jardinero está presente las aves de rapiña, los roedores y otros depredadores del jardín no se acercan. Esta es la razón por la que los agricultores de grandes plantaciones colocan espantapájaros en sus sembradíos. De igual manera, la presencia del padre en el hogar evita la intromisión de elementos indeseables en el seno familiar. Ustedes pueden estar seguros de una realidad. No es lo mismo para el novio de una jovencita cuando el suegro está en la casa.

Aún cuando sean chicos que se comporten con toda corrección y lleven un noviazgo como Dios manda. Yo soy padre de 2 niñas. Una de ellas ya es toda una mujer. Seguramente ha tenido varios pretendientes que hubiesen querido ganar su corazón. Pero también estoy seguro que algunos de ellos habrán tenido el deseo de salir huyendo tan pronto se enteran que el padre de su enamorada es un pastor. Yo pasé una experiencia similar. Mi esposa es hija de pastor. Aún cuando Carmencita y yo éramos adultos cuando iniciamos nuestra relación, yo siempre sentí una presión adicional con solamente tener de suegro a un pastor de más de 30 años de experiencia.

La presencia de un padre siempre marcará una diferencia especial, no tan solo dentro del hogar, sino para todos los de afuera que se relacionen con los de la casa. Basta con que el padre esté presente para que el ambiente en el hogar cambie. Cuando papá está no se acerca todo el mundo. Se acercan aquellos que gozan de la confianza del padre y aquellos que respetan las leyes de la casa.

Por otro lado, la presencia del padre garantiza que las demás herramientas están en función. Estando presentes es como mejor garantizamos el alimento material y espiritual, la protección interna y externa, la corrección y la enseñanza.

La presencia es la demostración del compromiso paterno y el amor para con nuestra familia. Fuera del huerto es muy difícil cultivarlo y cuidarlo. Uno es un buen jardinero cuando atiende personalmente su jardín. Uno es un buen padre cuando compromete su presencia al cuidado de la familia. Aún cuando no viva bajo el mismo techo, por circunstancias variadas. Un padre no deja de ser padre porque haya dejado de ser esposo.

Este es un compromiso que asumimos de por vida. Por tanto, un hombre no debe desatender su responsabilidad paternal, ni debe permitir que nadie pretenda coartarlo de la misma. Un buen jardinero sabe que, en ocasiones, hay que pararse de frente para detener cualquier ataque a su jardín. Un buen padre sabe que, en ocasiones, hay que pararse en la brecha para defender nuestra responsabilidad. Contra quien sea y donde sea.

Un padre siempre hace falta, aunque digan lo contrario. Habrá quien diga que padre es únicamente aquel que cría, queriendo hacer ver que la labor de un padre biológico se reduce a la donación de esperma. La Biblia no enseña que padre es el que cría. La Biblia lo que enseña es que quien cría es el padre. Créame, no es lo mismo ni se escribe igual.

El propósito de Dios al poner al hombre en el Jardín del Edén era para que lo labrara y lo cultivara, pero para darle una muestra de cómo debía ser su vida en familia. Podemos decir, entonces, que, si vivir en nuestro hogar no es como vivir en el Jardín del Edén, la culpa no es de nadie. La culpa es nuestra.

- Somos nosotros quienes cultivamos y cuidamos nuestro jardín familiar.
- Los frutos de nuestro jardín son nuestra responsabilidad.
- En nuestro hogar se producirá lo que nosotros sembremos.

Jesús nos dice en Mateo 28:20 que El estará con nosotros, todos los días y hasta el fin del mundo. Es por eso que El puede cuidarnos y cultivarnos como El quiere. Porque El siempre está presente.

Como padres, debemos ser imitadores de Nuestro Padre. Debemos estar presentes y utilizar las herramientas que Dios mismo ha puesto en nuestro Jardín para trabajarlo.

Como ya hemos dicho, la familia nos la da Dios. Mantenerla es nuestra responsabilidad...

EL HILO DE SANGRE

Lectura: Josué 2:1-24

Ciertamente las historias de la Biblia son fascinantes y hermosas. Sobre todo, porque en ellas encontramos evidencias indudables de la existencia de un Dios real, vivo y Todopoderoso, y la demostración constante y verdadera del amor y la misericordia que distinguen a ese Dios real, vivo y Todopoderoso.

No obstante, y como es mi costumbre cuando analizo estos pasajes narrativos de la Biblia, entiendo que estas historias de la Biblia fueron escritas para que las consideráramos desde una perspectiva de aplicación práctica. Es decir, todas las historias de la Biblia contienen enseñanzas de las cuales nosotros podemos aprender algo para nuestra vida actual. Las historias de la Biblia encierran lecciones para nuestra vida hoy.

En este pasaje que hemos considerado para nuestro análisis se destaca de manera significativa un elemento que llama poderosamente nuestra atención. Es un artículo que tiene un profundo significado, tanto en la historia bíblica de entonces como en su enseñanza para nosotros en la actualidad. Se trata del cordón de grana.

De esa forma es como lo describe la versión de la Biblia Reina Valera de 1960, la cual es la versión de la Biblia más popular y conocida en el mundo hispano. Sin embargo, si revisamos otras versiones de la Biblia, notaremos que su traducción puede resultarnos más apropiada e interesante.

- Biblia "Dios habla hoy" – Soga roja.
- Biblia de Las Américas – Cordón de hilo escarlata.
- Biblia Nueva Versión Internacional – Cordón rojo.

Esta consideración especial del color de este cordón o soga tiene una implicación importante para la enseñanza o lección de este pasaje para nuestra vida. Esta figura del cordón de grana o soga roja es lo que se conoce como una *tipología* de Jesús, es decir, una representación o un tipo figurativo de Cristo en el Antiguo Testamento.

En este caso en particular, el color rojo era representativo de la sangre colocada en los dinteles de las puertas de las casas de los hebreos, la cual los libró de la muerte de los primogénitos durante las plagas a Egipto para la liberación del pueblo. (Éxodo 12). De hecho, el mismo Josué fue uno de los librados esa noche que Jehová hirió al pueblo egipcio con esta plaga.

De la misma forma, el color rojo representa el color de la sangre de Cristo que nos libra de todo pecado. (1 Juan 1:7). Esta última es, precisamente, la aplicación práctica más relevante del pasaje. La sangre de Cristo es lo que necesitamos para ser salvos. Solo la sangre de Jesús puede librarnos de la condenación y la muerte eterna.

Todos reconocemos esta verdad. Sin embargo, muchas veces se nos olvida que esta liberación y salvación por la sangre de Cristo es solamente una parte de lo que Dios hace a favor de la humanidad. Dios hace mucho más en nuestras vidas por medio de esa sangre preciosa.

Ahora bien, no podemos olvidar que Dios puede hacer posibles todas estas cosas que ha prometido para nuestras vidas *si nosotros se lo permitimos*. Esto quiere decir que Dios cumplirá su promesa de protección y salvación en nosotros si nosotros estamos dispuestos a obedecer lo que El nos dice para que esas promesas puedan cumplirse.

Yo siempre he entendido que la salvación no es una imposición, sino una elección. Ya Dios ha dispuesto un solo sacrificio para redención. Queda de parte de nosotros aceptarlo y recibirlo.

Es entonces, a la luz de esta verdad bíblica, donde este pasaje de Josué 2:1-24 puede ayudarnos, porque este pasaje contiene unas instrucciones importantes que debemos considerar, de manera que podamos hacer lo que tenemos que hacer para que esa protección de Dios sea una realidad para nuestra vida.

Veamos cuáles fueron esas instrucciones que Rahab tuvo que obedecer para que la protección de Dios la alcanzara.

1. La declaración de fe.

Ciertamente, para que la protección de Dios sea una realidad en nuestra vida, tenemos que hacer del Dios de la protección una realidad en nuestra vida. El pacto de Dios no puede ser real en nosotros, si no hacemos real en nosotros al Dios del pacto.

Ese es el punto de partida. Ese es el comienzo de todo. Vive en un gran error todo aquel que anhela la bendición de Dios pero no anhela al Dios de la bendición.

En esta historia, esa declaración de fe la encontramos en la parte final de Josué 2:11. Rahab declara a estos espías de que sólo el Dios de Israel es el verdadero Dios, arriba en los cielos y abajo en la Tierra.

Por todo lo que había escuchado, esta mujer no sólo sabía que había una gran bendición a su alcance, sino que sabía muy bien quién tenía esa bendición. Ella sabía lo que quería, y sabía dónde buscarlo. Pero no era suficiente saberlo. Todos saben que Dios bendice. Todos saben que Dios es bueno. Pero no todos saben lo bueno que es Dios. Para Rahab, por su parte, no era suficiente saberlo. Era necesario declararlo. Era necesario poner en acción lo que sabía.

La fe no es energía que se queda almacenada en el pensamiento. La fe es energía que nos mueve a la acción. Para que la fe sea fe tiene que moverse. La fe se traduce en obras. De otra manera, es una fe muerta. Hoy la clave para nuestra bendición la tiene Aquel quien realmente puede darnos esa bendición. No hay otro. Sólo Dios es Dios arriba en los cielos y abajo en la Tierra. Esa declaración de fe no debe quedarse en una declaración. Debe llevarnos a una clara acción.

2. Atar el cordón rojo a la ventana.

Esta declaración de Rahab produjo unos resultados inmediatos. Podemos decir que por la fe que esta mujer demostró tener en el Dios verdadero, ella alcanzó el favor y la misericordia de los espías.

Ahora bien, luego de una declaración como esta, se hacía necesaria una señal que sellara el pacto. Una señal que garantizara la palabra empeñada. Un símbolo que demostrara que, en efecto, esta mujer había hallado gracia delante de los espías y que había alcanzado ese favor y misericordia. Como nos dice Josué 2:12, era necesaria una señal segura.

Es por esta razón que los espías le entregan a Rahab un cordón rojo. Ese cordón rojo tenía el propósito de identificar la casa de Rahab desde lejos, de manera que cuando los ejércitos de Israel invadieran a Jericó, esa casa tuviera una señal segura de protección. Tan pronto los israelitas identificaran el cordón rojo en la ventana, sabrían que esa casa estaba protegida.

En nosotros también se produce el mismo efecto. Es por la fe que alcanzamos la misericordia y el favor de Dios. Entonces Dios, en su infinita bondad, nos provee también una señal segura. Al igual que Rahab recibió un cordón rojo que marcaba su protección, nosotros hoy recibimos de Dios un cordón rojo.

- Un hilo de sangre que garantiza nuestra salvación.
- Un sello de sangre, por medio del cual somos marcados como propiedad de Dios.

Sin embargo, recibir este cordón rojo tiene una implicación especial. Rahab había recibido la señal que necesitaba para garantizar su seguridad, pero era necesario que ella hiciera algo con ese cordón rojo que había recibido. Según la historia bíblica, Rahab tenía que atar ese cordón rojo a la ventana de su casa. De esta manera, su casa no sería destruida.

Ahora bien, el efecto de recibir el cordón rojo tiene un aspecto mucho más abarcador. Al menos lo tiene para nosotros. Identificar nuestra casa con el hilo de sangre hace nuestra casa diferente. El hilo de sangre nos distingue. Una vez recibimos ese cordón rojo, ese hilo de sangre que nos salva y nos protege, nuestra casa no vuelve a ser la misma. Desde ese día, la casa de Rahab dejó de ser la casa de la ramera para convertirse en la casa salvada. Pero para que esa casa fuera diferente y recibiera el beneficio de la protección, ese cordón rojo tenía que estar atado a la ventana de la casa.

De nada le hubiera valido a Rahab tener el cordón rojo si no obedece la instrucción de ponerlo en la ventana de la casa. De igual manera sucede con nosotros hoy. El efecto de esa sangre de Cristo aplicada a nuestra vida tiene que demostrarse. Nadie notará que hemos recibido el cordón rojo si no lo atamos a nuestra ventana.

La sangre de Cristo nos ha transformado. La sangre de Cristo nos cambia de muerte a vida. Hoy nuestra vida es diferente. Ese cambio se nota. Ese cambio nos distingue. Cuando recibimos ese hilo de sangre algo extraordinario sucede. Ya nuestra casa no es la misma. Nuestra casa se convierte en una casa protegida. Este hilo de sangre se ve a la distancia. La gente puede distinguir nuestra casa desde lejos, porque el cordón rojo está atado a nuestra ventana.

Atando el cordón rojo a la ventana de su casa, Rahab colocó un distintivo de salvación. Ella marcó su casa con el rojo de la sangre. Esa marca salvó su vida. Esa marca salva hoy también salva nuestra casa. Si no la tienes, hoy es el momento de buscarla en Cristo. Si la tienes, es hora de que todo el mundo la vea. Si eres cristiano, que se te note.

3. Traer la familia dentro de la casa.

Esta enseñanza es muy importante, si consideramos que las promesas de Dios alcanzan de manera especial a nuestra familia. Aún cuando tengamos familiares que no le sirven al Señor, ellos reciben muchas de las bendiciones de Dios por el hecho de que nosotros sí le servimos. Muchas veces, la ayuda que ellos reciben es realmente una ayuda que Dios nos da a nosotros.

Muchas de esas bendiciones que reciben nuestros familiares son peticiones que Dios nos contesta. En ese sentido, debemos considerar unas observaciones muy importantes.

Cuando Rahab pide a los espías una señal segura de protección, lo hace considerando salvar la casa de su padre. La instrucción que recibe de parte de estos espías consideró de igual forma esa petición de Rahab. De esto se desprende, aunque usted no lo crea, una enseñanza muy importante.

En primer lugar, es necesario establecer que nuestras decisiones individuales afectarán de manera directa o indirecta la vida de todos los que nos rodean o forman parte de nuestro círculo de personas más allegadas. En el caso de Rahab, una buena decisión pudo garantizar la salvación de toda una familia. Desde luego, esto tiene una implicación igualmente importante. Querer que la bendición de Dios alcance a toda nuestra familia va a requerir que nosotros asumamos la responsabilidad de involucrar a toda nuestra familia con el Dios de la bendición.

Hemos confesado creer y creerle a Dios, y es sumamente necesario que nosotros mantengamos un testimonio veraz delante de nuestra familia de esa fe que hemos confesado.

De otra manera, nadie creerá en la veracidad de nuestra conversión, de nuestra fe o del Dios que predicamos. Rahab pudo convencer a su familia de entrar a la casa porque pudo mostrar a su familia la evidencia de lo que había recibido. Rahab ató el cordón rojo a la ventana de su casa. Todos sus familiares lo vieron.

Desde luego, ella le explicó a su familia el efecto que tendría en esa casa el haber atado el cordón rojo a la ventana. Así debe suceder con nosotros cuando venimos a Cristo. Es necesario mostrar al mundo entero, comenzando por nuestra familia, de que el hilo de sangre está atado a la ventana de nuestra casa. Es necesario mostrar con evidencias la transformación que la sangre de Cristo ha logrado en nosotros.

El fruto que el Espíritu Santo produce en nosotros tiene que estar presente y activo en nuestra casa y en nuestra vida. De otra forma, nadie va a querer entrar a su casa, así sea para salvarse. No porque no quieran salvarse, sino porque no creerán que dentro de la casa podrán salvarse.

Atar el cordón rojo a la ventana les hizo creer a la familia de Rahab que allí podrían salvarse. Eso mismo debemos hacerle creer a nuestra familia.

4. Permanecer en la casa.

Finalmente la familia de Rahab aceptó el plan de salvación que ella les había presentado por medio del cordón rojo. La familia de Rahab creyó por medio de la señal que tendrían la oportunidad de salvarse. Sin embargo, haber creído a esta señal y haber ido a la casa no era suficiente. La instrucción de los espías fue muy clara. Una vez que hubieran entrado en la casa, no podían salir de ella.

- Salir de la casa representaba el peligro de morir en el fragor y la confusión de la batalla.
- Salir de la casa era un riesgo muy grande.
- Salir de la casa era exponerse a perder la salvación que habían obtenido.

En nuestra experiencia de vida cristiana sucede lo mismo. ¡Gloria a Dios por todos los que hemos creído en Jesucristo! Sin embargo, esta historia nos enseña que no basta con solamente creer. Es necesario algo más.

- Es necesario permanecer creyendo que la sangre de Cristo nos sigue limpiando de todo pecado.
- Es necesario permanecer con el cordón rojo atado a nuestra ventana.
- Es necesario permanecer bajo la cobertura de la promesa.

Si Rahab y su familia no hubieran permanecido en la casa, seguramente hubieran sido contados entre los muertos ese día. Obedecer a Dios fue sumamente importante. Permanecer obedeciendo a Dios es más importante todavía.

Esa es, ciertamente, una gran lección para nuestra vida. Todas estas enseñanzas que hemos extraído del pasaje deben ser motivos suficientes para declarar nuestra fe en Dios, recibir la sangre de Cristo como el pago de nuestra culpa, identificarnos con esa sangre de Cristo para que nuestro testimonio alcance las vidas que nos rodean y permanecer firmes en nuestra convicción. No obstante, la bendición de Dios aún no había terminado para Rahab, y ciertamente tampoco ha terminado para nosotros.

La historia de Rahab es una demostración de que cualquiera puede ser cambiado y transformado por la sangre de Cristo y el poder de Dios. Para eso, es necesario querer ser cambiado por ese poder y esa sangre. A cambio, recibiremos un cordón rojo. Un hilo de sangre preciosa de Cristo para el perdón de nuestros pecados. Recibimos una señal segura para nuestra Salvación. La sangre de Jesús nos cambia, pero es necesario demostrar con nuestra vida que esa sangre nos ha transformado.

Para ello, es necesario que todo el mundo note que hay un cordón rojo atado a la ventana de nuestra casa. Solo así creerán que la sangre de Jesús también puede hacer lo mismo por ellos.

Con esa verdad demostrada en nuestra vida, muchos querrán también que esa sangre les salve, les cambie y les transforme, en especial nuestra familia. Para Rahab y su familia era necesario venir a la casa donde el cordón rojo les servía como señal segura de su salvación y protección. Pero era necesario no retirarse de esa casa. Era necesario permanecer en la casa. Solo así la promesa de salvación estaría garantizada. Así también, permanecer en la fe, en la casa y en la sangre del Cordero de Dios garantizará la promesa de salvación hecha por el Padre a través de Jesucristo.

Pero las bendiciones de Rahab tampoco terminaron ahí. El efecto de la búsqueda y obediencia de esta mujer le produjo bendiciones a corto y a largo plazo.

En primer lugar, si consideramos los eventos de la toma de Jericó, vamos a poder constatar que, en efecto, la promesa de salvación y protección a la familia de Rahab se cumplió. Josué 6:22-25 confirma que el pacto del cordón rojo fue suficiente para salvar a esta mujer y toda su familia.

Por otra parte, mucho más adelante en la Biblia, encontramos un poderoso y maravilloso resultado de esa perseverancia y permanencia en el hilo de la sangre. Una poderosa "añadidura" de parte de Dios para esta mujer. Mateo 1:5-6 nos dice:

"Salmón engendró de Rahab a Booz, Booz engendró de Rut a Obed, y Obed a Isaí. Isaí engendró al Rey David, y el Rey David engendró a Salomón...". (RVR60).

La perseverancia trajo a la vida de Rahab y su descendencia unos resultados de gran bendición, no sólo porque de ella vinieron reyes como David y Salomón, sino porque entre su descendencia se encuentra el Salvador del mundo. El Hijo de Dios. Jesucristo. El hilo de sangre.

El pacto de Dios siempre es un pacto seguro, porque el cordón rojo, el hilo de sangre del Salvador del mundo, Jesucristo, es siempre una señal segura. La sangre de Cristo es lo que garantiza el pacto de salvación para la humanidad.

Vale la pena perseverar en la fe. Vale la pena creer que Dios nos bendecirá a nosotros y a nuestra descendencia si vivimos conforme a nuestra fe en Dios. La Biblia y la vida misma están llenas de ejemplos que lo demuestran.

Conozco la historia de una mujer que decidió hacer realidad en su vida "el sueño puertorriqueño". (El sueño americano, según los puertorriqueños). Ella se trasladó a Nueva York buscando mejores oportunidades para su familia.

Estando allá quedó sola con 2 hijos, un varón y una niña. Ella pudo optar por un camino más fácil, pero ella decidió sacar a su familia adelante. Aunque tuviera que trabajar muy duro, ella decidió hacerlo de forma honesta. No mentiría para obtener beneficios inmerecidos.

Tenía 2 trabajos. De día trabajaba como enfermera y de noche trabajaba en un restaurante. Sus hijos fueron niños muy obedientes. Mientras ella estaba fuera de la casa trabajando, ellos permanecían dentro de la casa, estudiando y ayudando en las tareas de la casa.

Era difícil mirar por la ventana y ver a los demás niños jugando afuera, pero ellos aprendieron de su madre la importancia de obedecer. Tampoco para la madre era fácil ver las cosas maravillosas que los demás niños recibían como regalos, comparado con lo justo y necesario que ella podía proveerles a sus pequeños. Pero esta mujer estaba decidida a que sus hijos marcarían una diferencia.

Ella sabía la bendición que perseguía para sus pequeños, y no estaba dispuesta a comprometerla con nada ni con nadie. A sus hijos nunca les faltó lo que pudieran necesitar para sus estudios. Aún cuando ella trabajaba en oficios comunes, los niños asistieron a las mejores escuelas. Muchos la criticaban, pues pensaban que ella quería pretender ser lo que no era. Pero ella no desmayó. Ella estaba empeñada en hacer de sus hijos unos ciudadanos ejemplares.

Esa tenacidad y perseverancia produjeron dividendos extraordinarios. Como tenía 2 hijos, sus esfuerzos se vieron coronados de forma doble. El varón se convirtió en un prominente médico, y a su hija hoy se le menciona como un verdadero ejemplo de superación.

Esa niña ocupa hoy el puesto de jueza en el más alto foro judicial reconocido en los Estados Unidos y el mundo. Esa niña es la jueza Sonia Sotomayor.

Rahab buscó una bendición para su familia y la alcanzó con creces. Pero eso requería esforzarse y ser muy valiente. Dios había dispuesto para el pueblo de Israel la conquista de Jericó. Esa bendición ya estaba trazada en sus planes.

Hoy Dios ya ha dispuesto para nosotros la conquista de nuestra bendición. Dios quiere hoy derribar las murallas que te impiden alcanzarla. Las murallas caerán, pero tu casa, aunque esté en el muro, como la casa de Rahab, **no caerá**.

Ese hilo de sangre nos bendice a nosotros y a toda nuestra línea de sangre. Nuestra descendencia. Pero no es de cualquier manera que la alcanzaremos. Debemos ser obedientes.

El cordón rojo tiene que estar en la ventana de nuestra casa. El hilo de sangre debe notarse en nuestra vida. Esa es nuestra señal segura. Y, si es una señal segura, debe notarse en nuestra vida, seguramente...

LAS BODAS DE CANÁ

Lectura: Juan 2:1-11

A mí siempre me ha llamado la atención este pasaje. Pienso que el mismo es rico en detalles particulares del ministerio de Jesús. Jesús apenas comenzaba su ministerio, de hecho, si nos dejamos llevar por la lectura de Juan 1, pudiéramos decir que Jesús apenas tenía 5 de los 12 discípulos que lo acompañaron durante su ministerio en la Tierra. No obstante, el hecho de que lo invitaran a una boda podía dar a entender que ya era bastante conocido.

Seguramente su trabajo como carpintero era extraordinario. Por otro lado, estoy convencido de que Jesús era una persona simpática. Solo imagine a los organizadores de la boda preparando la lista de invitados, y que al momento de considerar invitar al carpintero hijo de José todos estuvieran de acuerdo en incluirlo en la lista.

Una joven de la iglesia no perdió la oportunidad para decirme en una ocasión en la que compartía este reflexión con la iglesia que a ese guapo carpintero no hubiera dejado de invitarlo a la boda por nada del mundo. Usted, ¿qué cree?

Desde luego, también existe otro interesante detalle del cual había escuchado muy poco. Resulta interesante observar que este evento solamente se menciona en el evangelio de Juan. Hay una razón para esto. Se piensa que esta boda en particular se realizó dentro del círculo de familiares cercanos a Jesús. Del contexto histórico del pasaje y de razonamientos lógicos se pueden extraer varios detalles que sostienen esa afirmación.

- María estaba muy preocupada por la escasez de vino, lo que da a entender que ella, al menos, era parte de los organizadores de la fiesta, quienes usualmente eran miembros de las familias de los novios. Algunos historiadores, y algunos evangelios no añadidos al canon bíblico, señalan a María como hermana de la madre del novio. Además, del pasaje se desprende que tenía autoridad como para dar órdenes a los sirvientes.
- Nazaret y Caná eran dos aldeas muy próximas, por lo que la cercanía de las familias era muy posible. De hecho, Juan 2:12 parece establecer que Jesús, su familia y sus discípulos eran parte de un grupo de familiares y amigos que coincidieron o se pusieron de acuerdo en asistir y regresar juntos a Capernaum una vez terminara la celebración.

- El hecho de que solamente Juan hace mención de este milagro puede dar a entender de que el evento era uno de carácter estrictamente familiar, ya que, como es sabido, Jesús y Juan eran primos.

Siempre he entendido, y siempre ha sido una técnica muy personal cuando analizo pasajes del Nuevo Testamento, que Jesús dejaba una enseñanza con todo lo que decía y con todo lo que hacía. Por tanto, definitivamente pienso que este pasaje encierra poderosas enseñanzas para nuestra vida.

No obstante, puesto que el pasaje nos presenta una escena de carácter familiar, quiero circunscribir las posibles enseñanzas que se derivan del pasaje al contexto del matrimonio y la familia. (Desde luego, las enseñanzas del pasaje también aplican a la totalidad de la realidad humana).

1. **Jesús tiene que estar presente en nuestro matrimonio y nuestra familia.**

Esta es una aseveración altamente significativa y medular en términos del matrimonio y la familia. En ese espacio vital para todo ser humano es importante que el Arquitecto de este diseño divino esté presente.

Puesto que Dios es el Diseñador del matrimonio y la familia, no podemos darnos el lujo de prescindir de Su presencia. Tener a Dios presente en nuestro matrimonio y nuestra familia evitará que nosotros distorsionemos Su diseño. Es garantía de que el sistema funcionará de acuerdo a como fue concebido y creado. Es por esto que yo afirmo sin lugar a dudas lo siguiente:

- Conviene invitar a Jesús a que participe de nuestro matrimonio y nuestra familia de forma permanente.
- Es obligatoriamente necesario que Dios esté presente en nuestro matrimonio y nuestra familia.
- La presencia de Dios debe ser un requisito esencial en todo hogar.

Ahora bien, esa conveniencia no debe entenderse como una obligación indeseable, sino como una obligación deseable, es decir, no basta con afirmar que la presencia de Dios es necesaria en todos los hogares, sino que es necesario que todos los hogares deseen la presencia de Dios.

Jesús no se invitó solo a la boda. Jesús fue invitado. Fue invitado por los novios. Fue invitado por la familia. Es necesario que nosotros hagamos lo mismo, sobre todo porque Él espera que lo invitemos.

Como todo buen caballero, Jesús no pretende irrumpir atropelladamente en nuestro matrimonio, nuestro hogar o nuestra vida. Por el contrario, y demostrando una muy buena educación, Él está a la puerta, y llama. (Apocalipsis 3:20). Tengamos con Jesús un igual gesto de educación. Invitémoslo a entrar.

2. En el matrimonio hay un milagro de provisión de Dios.

Según varios entendidos en la materia, el primer milagro de Jesús que se registra en los evangelios ocurre en esta boda. Esto nos hace pensar que el primer milagro que se registra en nuestra familia toma lugar desde el mismo momento del matrimonio.

En la ceremonia de bodas se destaca el hecho de que Dios provee al hombre de su ayuda idónea, y le provee a la mujer un hombre que debe cuidarla y amarla como si se tratara de su propio cuerpo. Dios hace provisión al hombre de una mujer que debe amarlo y respetarlo y le provee a la mujer de un hombre que, como podemos interpretar de Efesios 5:25, está dispuesto a entregar su propia vida por ella.

En el matrimonio también Dios hace provisión mediante el enriquecimiento personal de los contrayentes en todas las áreas de la vida, pues cada uno aporta al núcleo familiar sus talentos, riquezas, valores y capacidades que harán que esa unión se fortalezca para beneficio de todos. Pero eso no es todo. Dios hace provisión por medio del hombre y de la mujer de una unión que producirá la llegada de los hijos. Por tanto, es dentro de este contexto del matrimonio que se debe instituir la formación de la familia.

He ahí la importancia de llegar correcta y adecuadamente al matrimonio. La formación de una familia de acuerdo al plan de Dios comienza por la formación del matrimonio igualmente de acuerdo al plan de Dios. Triste y desafortunadamente vemos cuán distinta y distorsionada es la formación del matrimonio y la familia en nuestros tiempos. La mayoría de los matrimonios, (si acaso se formalizaran legalmente, lo que cada vez es menos frecuente), hoy en día comienzan con los ideales equivocados, viven con los intereses equivocados y terminan por las razones equivocadas.

No debe extrañarnos, entonces, que el producto de la equivocación en esas uniones, entre muchas otras cosas, sean hijos que equivocan igualmente el propósito de sus vidas.

Si el matrimonio no comienza con el propósito correcto ni de la forma correcta, difícilmente podrá tener un desarrollo correcto. Desde luego, no es imposible restaurar y corregir para revertir el daño, pero créame, el proceso es MUY complicado.

Dios nunca concibió el matrimonio y la familia para que hubiera madres solteras, o padres solteros, o las guerras entre ex esposos y ex esposas por las relaciones filiares, la custodia y patria potestad de los hijos o la disfunción familiar y social que vivimos actualmente.

Más que nada, ninguna de estas situaciones tan tirantes que experimentamos en el divorcio y en los nuevos matrimonios reflejan la gloria de Dios. Antes, por el contrario, el deseo de Dios siempre ha sido manifestar su gloria en el contexto del matrimonio, el hogar y la familia.

Juan 2:11 especifica que este milagro fue *"el principio de señales que hizo Jesús en Caná de Galilea"*, pero inmediatamente señala que en ese principio de señales tiene la intención de manifestar Su gloria, dando a entender que las señales y milagros que impactan nuestra vida comienzan en nuestra casa. La manifestación de la gloria de Dios en el matrimonio y la familia comienza, precisamente, en el contexto del hogar.

Por eso nosotros, el pueblo cristiano, siempre insistiremos en estas cuestiones que la sociedad actual muchas veces tilda de anticuadas. La verdad es que todos los conceptos humanos, incluyendo los que tienen que ver con el matrimonio y la familia, siempre serán mejores, más llevaderos y más efectivos si se conservan en su formato más puro, simple y original.

3. Hacer todo lo que Jesús os dijere.

María se acerca a Jesús para comunicarle lo que estaba pasando. Esto nos da a entender que, en efecto, María debía tener una posible relación familiar con los desposados. Su evidente preocupación por la escasez de vino en la celebración denotaba cierta responsabilidad en la organización y éxito del evento.

No obstante, quiero destacar en este punto una importante enseñanza para nuestra vida. Si hay algo que cause preocupación en nuestro matrimonio o nuestra familia, nuestro deber es comunicárselo a Dios. Pero no se trata de comunicárselo como si Él no supiera lo que está pasando. Por supuesto que Dios lo sabe todo. Se trata, más bien, de realizar un ejercicio de fe mediante una solicitud a favor de nuestra situación.

Desde luego, puesto que se trata de un ejercicio de fe, existen entonces unas implicaciones que debemos considerar. Note usted que en ese momento de comunicación surge una respuesta de Jesús que pareciera ser un tanto confusa. La aparente rudeza y aspereza de su contestación no corresponde al carácter amable y cariñoso que siempre lo caracterizó.

Las interpretaciones al respecto son muy variadas. Unos afirman que dentro del contexto social, las palabras de Jesús no indicaban rechazo, desprecio o maltrato a su madre, sino una expresión popular de la época. (Esta afirmación me hace mucho sentido). Otros apuntan a que la traducción del texto no considera el tono con el que las palabras fueron dichas. (Personalmente estoy de acuerdo con esta observación). Otros señalan que estas palabras de Jesús pretenden ponernos en perspectiva en cuanto al lugar que le corresponde a Dios y al lugar que ocupamos nosotros al momento de hacerle una petición. (De hecho, tampoco se considera el tono que pudo haber usado María al hacerle la petición a Jesús).

Sin embargo, me parece que nuestra principal enseñanza en esta escena no debemos concentrarla en la respuesta de Jesús, sino en la actitud de María ante la respuesta.

Posiblemente María no entendió la respuesta de su hijo, como seguramente nosotros tampoco entendemos muchas veces la respuesta que Dios da a nuestras peticiones.

Muchas veces, cuando nos parece que Dios ha denegado alguna de nuestras peticiones, pensamos que Dios nos ha desechado o que simplemente ha dejado de amarnos. Nada más lejos de la realidad.

La verdad es que, por prestar atención a la primera parte de la escena, nos perdemos de disfrutar la segunda parte. Por lo general, cuando Dios no parece aprobar nuestro pedido, es porque tiene algo mejor en mente. María seguramente no tenía una idea de lo que Jesús haría, pero ciertamente sabía que si alguien podía hacer algo, ése era Jesús.

La actitud de María fue la de creer en Dios, aunque en primera instancia no lo comprendiera. María conocía a su hijo, y sabía que, a pesar de su aparente negativa, ella podía confiar que Jesús haría lo correcto.

Y nosotros, ¿conocemos a Jesús de esa manera? ¿Es nuestra fe en Cristo tan segura como la de María? María trajo a Jesús un asunto delicado de este importante evento familiar.

Y nosotros, ¿qué haremos?

- ¿Traeremos a Jesús los delicados asuntos familiares que nos aquejan?
- ¿Qué lugar ocupa Jesús en nuestro matrimonio?
- ¿En nuestra familia?
- ¿En nuestro hogar?
- ¿Haremos todo lo que Él nos dijere?

Hoy Jesús te responde: ¿Qué tienes conmigo, mujer, esposo, esposa, familia, iglesia? ¿Qué clase de relación crees tener conmigo? ¿Quién realmente crees que soy?

Recuerde que nuestras peticiones a Dios no son órdenes que Él deba ejecutar a nuestra manera. Él las contestará a Su manera.

4. Nosotros llenamos las tinajas de agua.

La orden de Jesús a los sirvientes fue que llenaran unas 6 tinajas para agua, que según Juan 2:6, estaban destinadas al rito de la purificación. Esta agua se usaba principalmente para limpiar los pies del polvo y barro del camino. También se utilizaba para lavarse las manos antes de las comidas. Ciertamente la costumbre judía era muy estricta en cuanto a estos asuntos de purezas e impurezas.

Hay que observar en el pasaje, específicamente en Juan 2:7, que Jesús les pide a los sirvientes que llenen las tinajas hasta arriba. Esto da a entender que las tinajas para la purificación no estaban llenas.

Aquí tenemos otra importante enseñanza para nuestra vida. Es necesario mantener en un nivel óptimo nuestros niveles de agua para nuestra purificación. La aplicación importante para el matrimonio y la familia es que el hogar es ese punto donde cada individuo debe encontrar y recibir esos valores morales que le permitan mantenerse purificado y limpio de las impurezas sociales que lo amenazan. De otro modo, las impurezas sociales invadirán nuestro contexto familiar y nuestro matrimonio y contaminarán los sanos valores que la Escritura nos enseña.

Mantener las tinajas llenas de agua es indicativo de nuestra obediencia a Dios y del compromiso de pureza que debemos asumir responsablemente para con nosotros mismos, nuestro cónyuge y nuestra familia. El agua en las tinajas representa nuestra honestidad y transparencia para con Dios y los hombres. Entonces, en ese ambiente de pureza, y en esa actitud de obediencia a lo que Jesús nos dice, que Jesús puede obrar el milagro del vino en nuestras vidas.

Siendo así, cabe preguntar, ¿qué significa el vino? Algunos interpretan el vino en este pasaje como una referencia a la sangre de Cristo. El argumento se fundamenta en la expresión de Jesús a María de que *"aún no había llegado Su hora".* (Juan 2:4). Sin embargo, quisiera considerar otra aplicación en términos del contexto de la época y del contexto del matrimonio y la familia.

El vino era esencial para el judío. En primer lugar, el vino era parte de su dieta diaria. Muchos judíos tomaban vino en lugar de agua debido a la impureza de la misma, o a condiciones gástricas. Tal era el caso del joven Timoteo, a quien el Apóstol Pablo le recomendó tomar vino en lugar de agua. (1 Timoteo 5:23). Además, el vino era el obsequio principal entre ellos, y más común para los extranjeros. Era un detalle de alta consideración, y hasta respeto. La hospitalidad para el judío era un deber sagrado.

Ahora bien, el vino era importantísimo, en especial en una fiesta. El vino era símbolo de alegría. El buen vino, particularmente, era una cuestión social y cultural muy importante. Si el vino escaseaba o faltaba en una fiesta era una verdadera vergüenza.

En cierto modo podemos establecer una referencia directa en este pasaje entre el vino y Jesús. Si Jesús no es parte esencial de nuestra vida, nuestro matrimonio y nuestra familia, entonces en nosotros no hay verdadera felicidad o alegría. Tampoco podremos impactar a otros con el mensaje del evangelio de Cristo si el Cristo del evangelio no está en nosotros. No podemos ofrecer a otros la alegría de vivir en Cristo si Cristo no vive en nosotros.

- Sin el vino que Jesús transforma del agua de nuestras tinajas no podremos obsequiar a quienes lleguen a las puertas de nuestro hogar y faltaremos a nuestro deber sagrado de hospitalidad con el necesitado.
- Sin el vino que Jesús convierte del agua de nuestra purificación, nuestra vida personal, matrimonial y familiar no será una fiesta. Estará, por el contrario, llena de tristeza, decepción, inconformidad, vergüenza y frustración.

Esto nos compromete a llenar nuestras tinajas hasta arriba. En nuestro matrimonio y nuestro hogar debe haber la provisión suficiente para cubrir nuestras necesidades y para suplir alguna necesidad que ocupe nuestra atención. Por tanto, el agua, el vino, la Palabra de Dios no debe escasear para los nuestros.

Si mantenemos nuestras tinajas llenas hasta arriba, Dios hará que el milagro de provisión en nuestra casa sea uno amplio y abundante.

Cada tinaja tenía capacidad para algunos 2 ó 3 cántaros de agua. Estamos hablando entonces de ¡mucha agua!!! En ese sentido, cuando nuestra provisión de valores cristianos es mucha, la provisión de Dios en nuestro matrimonio, nuestros hijos y nuestra familia no será escasa. Será una medida *"buena, apretada, remecida y rebosante".* (Lucas 6:38).

5. El mejor vino viene después.

Finalmente el agua que Jesús convirtió en vino llegó a los comensales de la fiesta. Como dato curioso, el maestresala o mayordomo principal de la fiesta de bodas se percató que este vino era de mejor calidad que el vino que se sirvió inicialmente. La costumbre judía era servir primero el buen vino. Una vez la gente había bebido lo suficiente, entonces servían el vino de inferior calidad, pues ya el paladar no distinguía entre uno u otro.

Al maestresala le resultó extraño este detalle, pero lo cierto es que, en términos de la aplicación del pasaje a la familia y al matrimonio, este detalle tiene una connotación importante.

El matrimonio y la familia son conceptos que se perfeccionan con el tiempo. Todo matrimonio y toda familia siempre han de atravesar por periodos de ajuste. Es en ese proceso donde "el vino" va adquiriendo su consistencia y su superioridad.

Dios siempre ha querido que todo matrimonio comience correcta y adecuadamente. Esto garantiza que la familia y los hijos que añaden al matrimonio también tendrán la misma formación correcta y adecuada. Pero, como todo buen vino, toma tiempo, dedicación y esmero adaptarse y hacer funcionar correcta y adecuadamente la relación matrimonial.

La familia es un proyecto cuyo mayor capital de inversión es tiempo. Es el tiempo lo que permite que cada una de las partes pueda conocerse mejor. Y mientras más se conocen, mejor se compenetran y se complementan. Es con el tiempo que los ingredientes del vino alcanzan sus más altos niveles de perfección. En el matrimonio y la familia, a mayor entendimiento, mejor funcionamiento.

El matrimonio fue creado para ser bueno. Para Dios, no era bueno que el hombre estuviera solo. (Génesis 2:18). La intención de crear una ayuda idónea era para que lo bueno pudiera mejorarse.

No es prudente criticar el hecho de que el mejor vino se sirvió al final, como quien se queja de haber sufrido muchas penurias al comienzo de su matrimonio. La verdad es que en las bodas de Caná el mejor vino "vino" al final, dando a entender que en la experiencia del matrimonio lo mejor siempre vendrá después. El mejor vino, la experiencia de verdadera alegría y disfrute, siempre está reservada para el futuro, que se hace presente con cada día que pasa.

Dios siempre tiene la capacidad de sorprendernos con toda Su creación. El matrimonio y la familia son, definitivamente, ejemplos de esa creación sorprendente, donde lo bueno siempre puede ponerse mejor.

Y mientras más dure nuestra fiesta, nuestro matrimonio y nuestra celebración en Cristo, mejor será el vino que se sirva...

EL TORNILLO CORRECTO

Lectura: Proverbios 22:6

Charles Steinmetz era un reconocido ingeniero mecánico de principios del siglo 20. Había diseñado y construido maquinaria y equipos muy utilizados por grandes compañías de la época. Su habilidad y creatividad era muy admirada y respetada por los dueños de estas empresas.

Se cuenta que en una ocasión, la maquinaria de ensamblaje de la Ford Motor Company se averió. Fueron muchos los intentos para reparar la máquina, pero ésta no funcionaba. Finalmente le informaron de lo ocurrido a Henry Ford, el fundador y dueño de la empresa, pues ya la falta de producción había comenzado a provocar pérdidas económicas considerables. Henry Ford no lo pensó dos veces, y mandó llamar a Charles Steinmetz.

Charles se presentó al taller de montaje de vehículos y de inmediato le indicaron cuál era la máquina que estaba dañada. Charles observó el equipo, y siguió observando el resto de la maquinaria. Luego de varias horas de minuciosa observación, Charles tomó un destornillador y con mucho cuidado apretó un tornillo en la base de una polea.

Para sorpresa de todos, la inmensa y complicada maquinaria comenzó a funcionar como si nada hubiera pasado.

Cuando Henry Ford recibió la factura de Charles por sus servicios, le mandó llamar para discutir y negociar los honorarios facturados. De primera impresión, la cantidad le pareció un tanto rara como elevada. Charles había facturado ¡$1,001.00!!

Charles se presentó nuevamente a la empresa y de inmediato fue escoltado por la seguridad del lugar hasta la oficina de Henry Ford. Una vez allí, Henry Ford le recibió y le hizo sentar en su despacho.

Acto seguido, Henry Ford le preguntó lo siguiente:

- "Amigo Charles, ¿no cree usted que es demasiado oneroso cobrarme $1,001.00 por simplemente ajustar un tornillo? Además, ¿no pudo redondear esa cantidad? ¿Por qué $1,001.00?".
- "Amigo Henry, - contestó Charles – no le estoy cobrando $1,001.00 por ajustar el tornillo. Por ese concepto sólo le estoy cobrando $1. Por lo que le estoy cobrando los otros $1,000.00 es por identificar cuál era el tornillo que se debía ajustar".

Por mucho tiempo hemos escuchado sermones y conferencias de familia basadas en este texto de Proverbios 22:6. Yo mismo lo había utilizado en muchas ocasiones. Sin embargo, esta anécdota de Charles Steinmetz me ha hecho considerar este pasaje desde otra perspectiva. Una perspectiva que me parece mucho más interesante que la manera usual en la que este texto se considera.

Apuntemos lo siguiente. Dios es Nuestro Creador. De eso, creo que no tenemos duda. Otra cosa que también podemos asegurar es que Dios nos crea con unas características muy individuales y personales. Esas características son las que nos hacen diferente a los demás. Cada ser humano es una creación única de Dios. Evidencia de esto es que cada persona posee un código genético único, conocido como DNA, y todo individuo tiene huellas digitales distintas a cualquier otra persona en el mundo.

Siendo así, podemos decir que Dios nos crea a todos de la misma manera, pero nos crea con un propósito diferente. Entendemos también que ese propósito va de acuerdo con las características personales con las que Dios nos crea, es decir, que Dios diseña nuestro código genético de acuerdo al plan preconcebido que Él tiene para nosotros.

En Jeremías 1:5 encontramos un ejemplo que confirma esta aseveración. Jehová le dice al profeta, cuando aún era un niño, lo siguiente:

"Antes que te formase en el vientre te conocí, y antes que nacieses te santifiqué, te di por profeta a las naciones". (RVR60).

Jeremías había sido escogido para esa tarea desde el momento en que fue concebido. Jeremías había sido separado para este propósito desde el vientre de su madre. Otros casos, como el del profeta Isaías (Isaías 49:1-5) y el de Juan El Bautista (Lucas 1:15), parecen confirmar el pensamiento de que Dios ha delineado nuestro sistema, y ha puesto en nosotros todo lo necesario, para que cumplamos Su propósito en nuestra vida.

Ahora bien, ¿cómo armonizamos este pensamiento con el texto de Proverbios 22:6? ¿Cómo esta realidad del diseño de Dios en nosotros tiene que ver con instruir al niño en su camino? Me parece, pues, que debemos comenzar a desmenuzar el texto, de manera que aplique de manera práctica con el diseño de Dios, con Su propósito para nuestra vida, y que a la misma vez nos permita funcionar como la maquinaria de Charles Steinmetz. Será un gran desafío, pero estoy seguro que hará sentido y valdrá la pena realizarlo.

1. Instruir.

¿Qué significa la palabra "instruir"? Instruir puede significar educar, guiar, enseñar. Esas interpretaciones son correctas, no obstante, me parecen que, de acuerdo a nuestro análisis y descubrimiento, no son las interpretaciones centrales. Instruir viene de instrucción, y la palabra instrucción puede significar enseñanza, educación o dirección. Pero, además de esas interpretaciones, una instrucción es una directriz, una orden, un comando. Desde ese ángulo, el texto se nos presenta muy diferente, porque:

- Instruir también significa conducir de acuerdo al modelo de instrucciones.
- Instruir es guiar de acuerdo al diseño original.

Instruir según el texto implica inicialmente que el niño ya viene con un código genético.

- El niño ya viene con un paquete de herramientas puestas por Dios en su sistema para que alcance el propósito de Dios para su vida.
- El niño viene con unas instrucciones de fábrica, lo que significa que, antes de comenzar a trabajar con ese equipo nuevo, ese manual de instrucciones debe ser revisado.

Las instrucciones implican que ya existe una manera de operar la maquinaria. No es necesario reinventar la rueda. Por eso el texto es específico, y nos presenta otra importante consideración.

2. Instruye al niño.

Cuando leemos en el texto *"Instruye al niño"*, encontramos un detalle que, de primera impresión, pasa transparente ante nuestros ojos.

Note con cuidado que el texto indica que quien debe ser instruido es el niño. Y, si estamos de acuerdo con que el niño ya tiene un código de instrucciones puesto por Dios en su sistema, entonces instruir a los hijos significa que debemos conducirlos de acuerdo a las instrucciones que Dios diseñó para ellos.

En este punto es donde surge el detalle que muchas veces descuidamos y pasamos por alto. El texto es específico en decir que quien debe ser instruido es el niño. Pero, ¿quién será el que lo instruya?

- ¿Quién le enseñará a descifrar su propio código?
- ¿Quién le explicará las instrucciones que vienen en su paquete?

- ¿Quién será el que deba identificar cuál es el tornillo correcto para luego ajustarlo propiamente?

¿Sabe usted lo que estas preguntas implican? Estas preguntas, y el texto indican que <u>alguien</u> debe descubrir, conocer, estudiar y aprender primero esas instrucciones para que luego se las pueda transmitir a los hijos. Ese <u>Alguien</u>, a quien le toca esa difícil tarea, a quien Dios escogió y encargó para ese trabajo es USTED.

Está claro que quien debe ser instruido es el niño. Pero está igualmente claro que quienes deben aprender las instrucciones primero, para luego poder instruir a los hijos son los padres.

¡Por eso es que la tarea de los padres no es fácil! La tarea de ser padres requiere mucho tiempo y dedicación para poder "leer" y entender el manual de instrucciones escrito en el código genético con el que Dios creó a nuestros hijos.

Es necesario profundizar en esa búsqueda de ese tesoro individual que tienen nuestros hijos. Esa riqueza está ahí. Dios la puso en ellos. Es nuestro deber descubrirla. Buscar la manera de encontrarla. Siendo así, me parece pertinente considerar ese otro detalle que el texto nos ofrece.

3. Instruye al niño en su camino.

Mi esposa y yo vivimos ese proceso de descubrimiento con nuestra hija Ana Cristina. En una ocasión se ofreció un campamento de verano en San Juan donde se ofrecían clases de cuatro, guitarra, teatro y vocalización. Desde muy pequeña, nuestra niña mostraba una tendencia muy marcada hacia las artes y la música, por lo que hicimos el esfuerzo de matricularla en ese campamento.

A medida que ha ido creciendo, hemos estado al pendiente de identificar esas características genéticas que Dios puso en el sistema de Ana Cristina para colaborar con Dios en el desarrollo de esas capacidades que están presentes en ella, pero que ella no sabe desarrollar por sí misma. Ella no sabe que las tiene. Nosotros las hemos ido descubriendo primero para poder ayudarla a ella a desarrollarlas.

En ese sentido, el texto especifica claramente que el niño debe ser instruido *en su camino.* Por lo tanto, si el niño ha de ser instruido en su camino, significa que el niño no ha de ser instruido *en nuestro camino.* Siempre habíamos entendido que el texto lo que significaba era que debíamos enseñar a nuestros hijos a hacer lo correcto, y a enseñarles el temor de Dios.

Le pregunto, ¿acaso yo he dicho algo diferente? Aunque usted no lo crea, el texto no contradice nuestro pensamiento, más bien lo afirma. Lo afirma porque el niño viene equipado de fábrica aún para temer a Dios y guardar Sus mandamientos. En todos los seres humanos existe la capacidad de tener una relación con Dios genuina y verdadera. Note entonces que la recomendación de texto sigue siendo la misma. Nuestro deber es instruir a nuestros hijos a esa posibilidad real de relacionarse con su Padre Celestial.

¿Sabe lo que sucede? Que se nos olvida, o no nos habíamos dado cuenta, que todo lo que nuestros hijos necesitan para hacer lo correcto y para temer a Dios ya está en su paquete de fábrica. Además, siempre habíamos entendido el texto únicamente como que debíamos darle información y ejemplo a nuestros hijos, cuando lo que debimos hacer siempre fue descubrir la información que Dios ha puesto en ellos. Debimos aprender para enseñar. Debimos instruirnos para instruir.

El error que nos ha llevado a fracasar muchas veces como padres, y que por siempre nos ha causado tanta frustración y decepción con nuestros hijos es que queremos imponer y forzar el código de nuestros hijos con el nuestro, en lugar de descubrir el código original que Dios puso en ellos.

Desde luego, no está mal que usted quiera aportar y contribuir en la vida de sus hijos con su experiencia. En ese sentido, usted es también un recurso que Dios puso en el sistema de su hijo. Pero no olvide que usted es un recurso. Nuestros hijos tienen su propio código. Nos toca a nosotros descubrirlo y apoyar el propósito de Dios para sus vidas.

¿Cuántas personas no conocemos que fueron frustrados en sus sueños, simplemente porque sus padres les impusieron una profesión, una carrera o los ataron al mundo pequeño que ellos siempre vivieron? Hoy en día tenemos a muchos adultos infelices con lo que hacen o con lo que estudiaron porque, cuando fueron niños, no se les ayudó a descubrir su código genético. No se les instruyó en su camino.

Por eso es que, vuelvo y repito, no es fácil ser padre. No solamente porque el trabajo requiere tiempo y dedicación en ese descubrimiento del código genético, sino porque la tarea de ser padres requiere que la hagamos con total desprendimiento y sin egoísmo de nuestra parte.

Requiere que la tarea de investigar, estudiar y descubrir no sea en torno a lo que nosotros queremos como padres, sino a lo que Dios quiere de ellos como hijos.

Instruir al niño significa que debemos someter nuestros deseos paternos personales en cuanto a lo que queremos que nuestros hijos sean, y en su lugar, ser colaboradores de Dios en el cumplimiento del propósito divino en la vida de nuestros hijos.

No es fácil. ¡Claro que no es fácil! Y no es fácil porque en ocasiones somos nosotros quienes nos hacemos la tarea más difícil de la cuenta. A veces nos aferramos a los hijos como si fueran nuestros. Pero los hijos no son nuestros. Son de Dios. El Salmo 127:3 nos dice que los hijos son "herencia de Dios". Nuestros hijos realmente los heredamos de Su verdadero Padre.

En ese sentido, nuestra responsabilidad es doble. Somos responsables de ellos, y somos responsables ante Dios. La tarea de ser padres es complicadísima, porque nos compromete a renunciar a lo que quisiéramos para nuestros hijos y nos emplaza a apoyar lo que Dios quiere para ellos.

Recuerdo la historia de un niño llamado Billy Frank. Sus padres eran granjeros y tenían una pequeña lechería. El padre de Billy Frank había heredado las tierras, el ganado y el negocio de su padre, por lo que este trabajo se había convertido en una tradición familiar.

Pero Billy Frank acariciaba otra idea en su corazón. Su pasión era la historia, por lo que siempre que tenía un tiempo libre de la escuela y del trabajo de la granja, iba a la biblioteca del pueblo a leer libros de historia. Leía mucho. Leía hasta tarde. Tomaba prestado cuanto libro de historia encontraba para leer.

Una tarde se enteró que al pueblo vendría un grupo de misioneros a contar sus historias en otros países haciendo la obra de Dios. Y, por supuesto, allí estaba Billy Frank en primera fila. No quería perderse el escuchar las fascinantes historias que estos misioneros contaban. Desde entonces, Billy Frank desarrolló un apasionado deseo por el campo misionero. En cada oportunidad que se le presentaba, Billy Frank estaba en la estación del tren, siempre muy dispuesto a limpiar los zapatos de los misioneros y a cargar sus equipajes, solo con el sencillo interés de escuchar sus historias.

Su padre insistió en que Billy Frank debía abandonar esa práctica y sus ideas de ir al campo misionero, indicando que su futuro estaba en continuar con el negocio de la familia. Pero Billy Frank pensaba y sentía diferente. El deseo por la predicación y el campo misionero estaba en su código genético.

Afortunadamente, y gracias a sus excelentes calificaciones, sobre todo en historia, Billy Frank recibió una beca de estudios en una universidad cristiana, donde pudo combinar sus más amadas pasiones: la historia y el campo misionero.

Hoy en día, Billy Frank cuenta su historia como testimonio, y su padre comprendió finalmente que Dios tenía un propósito especial en la vida de su hijo. Actualmente este joven llamado Billy Frank es un reconocido evangelista internacional. En el mundo entero todos lo conocen como el Dr. Billy Graham.

Padres, Dios ha puesto a Sus hijos como hijos tuyos, y los ha puesto a tu cuidado. ¿Te atreves a instruirlos? ¿Instruirlos de verdad? ¿Instruirlos en lo que Dios quiere y dispuso para ellos? Entonces tienes que observar el orden que hoy has aprendido.

- Para instruirlos tienes que instruirte tú primero.
- ¿Quieres que sean y alcancen lo mejor? Tienes que serlo tú primero. No olvides que el ejemplo es importante.
- ¿Quieres que tengan a Dios en primer lugar? Tenlo tú primero.
- ¿Quieres que el propósito de Dios se cumpla en ellos? Ayúdalos, pero para eso, somete tu propósito al propósito de Dios.

Hoy te toca ajustar el tornillo correcto en la vida de tu hijo. ¿Sabes cuál es ese tornillo? Esa es la tarea que nos muestra Proverbios 22:6. Pero no se trata de ajustar el que tú creas. Se trata de saber cuál es el que debes ajustar.

Recuerda que ajustar ese tornillo vale $1.00. Pero saber cuál tornillo ajustar vale $1,000.00...

MADRE DE LA PROMESA

Lectura: Génesis 21:9-20

Muchos de nosotros conocemos la historia de Abraham. Dios prometió darle descendencia, aun cuando él y su esposa ya eran de edad muy avanzada. Finalmente Sara, la esposa de Abraham, concibió un hijo, a quien llamó Isaac. La promesa de Dios decía que en él, (en Isaac), serían benditas todas las familias y todas las naciones de la Tierra. No obstante, muchas veces no contemplamos o no consideramos las interioridades de la historia completa. La Biblia nos muestra también el "lado oscuro" de esta historia.

Antes de nacer Isaac, Abraham engendró un hijo varón con una sierva de Sara, llamada Agar. (Génesis 16). El niño de esta esclava se llamó Ismael. No voy a entrar a considerar detalles al respecto, ni voy a entrar en las implicaciones históricas y teológicas de este caso. Sin embargo, me detuve a observar este pasaje y a considerar la historia porque entiendo que el pasaje y la historia contienen profundas enseñanzas dirigidas a las madres.

Siempre he insistido que con todo lo que está escrito en la Biblia, y con todo lo que no está escrito en ellas, Dios tiene algo que enseñarnos.

Le invito a que, si conoce la historia y esos detalles teológicos con los que siempre se ha considerado esta historia, deje de lado esos detalles por un momento, y haga un espacio para las enseñanzas que descubriremos en esta oportunidad.

Mujer, en especial a ti, hoy Dios tiene algo muy importante que decirte.

1. Dios no ha prometido para ti una casa de promesas. Dios te ha dado promesas para tu casa.

Resulta interesante considerar que Agar, la esclava de Abraham y sierva de Sara, habitó en la casa de éstos, siendo en esta casa donde Dios había declarado una promesa de bendición para las futuras generaciones. Seguramente en esa casa Agar llegó al conocimiento del verdadero Dios. Cuando Agar quedó embarazada, seguramente entendió que la promesa de bendición a las naciones sería a través de ella. Agar vivía ilusionada con la idea de ser la madre de una gran nación.

Tal vez esa expectativa vino a tu mente cuando también recibiste la noticia de que serías madre.

Seguramente pensaste:

- ¿Qué será cuando nazca, varón o hembra?
- ¿Qué será cuando sea grande?
- ¿Nacerá saludable?
- ¿A cuál de los dos se parecerá? ¿Al padre o a la madre?

El que hoy tengas un hijo es señal de que la promesa de Dios te alcanzó. Tienes descendencia. Tu hijo dará continuidad a lo que tú haces, aun cuando tú ya no estés. Tu vida seguirá en la vida de tu hijo por generaciones. En ese sentido, Dios ha comenzado a cumplir las promesas para tu casa. En tu hijo has comenzado a ver la fidelidad de Dios y el cumplimiento de Sus palabras de bendición para tu casa.

A manera de paréntesis hay que señalar que el caso de Agar estuvo plagado de severas equivocaciones. Mencionemos algunas para poner el asunto en contexto:

- Aun cuando Dios había dado promesa directa a Sara de que daría a luz un hijo, Sara mostró falta de fe al querer elaborar un plan alterno y forzar a su manera el cumplimiento de la promesa.

- El plan de Sara para que su esposo Abraham procreara descendencia en la sierva Agar evidenció un claro menosprecio a la promesa y omnipotencia de Dios.

- Desafortunadamente, también Abraham menosprecia el poder de Dios al consentir en el plan de su esposa.

- Muy posiblemente Agar, quien seguramente no tuvo opción entre aceptar o rechazar el subterfugio propuesto por Sara a su marido, habría llegado a pensar que su hijo sería el hijo de la promesa, pues su ama Sara la entregó a Abraham con ese propósito. Esto pudiera explicar en gran medida el por qué de su envanecimiento en contra de su señora.

Debe quedar meridianamente claro que el hijo de la promesa era aquel hijo que tuviera Sara, no aquel hijo que ella se procurara por cualquier otro medio. Ese no era el plan. El hijo de la promesa sería posteriormente Isaac, pues fue éste el hijo que ella dio a luz, tal cual había sido profetizado, y tal cual había sido prometido.

No obstante, y en virtud de la misma promesa hecha a Abraham, todos los hijos de la humanidad figuran en la promesa de bendición. Como hijos descendientes de Abraham, y como parte de las familias y naciones que se contemplan en la promesa divina, ahí estamos todos nosotros. Y, desde luego, estaba también el hijo de Agar, y también están tus hijos.

Lo interesante en este punto es que Dios no miró la condición de sierva que tenia Agar. Tampoco miró tu condición. Con todo lo que tu vida haya traído, Dios te dio un hijo. Tal vez te dio varios. Lo importante es que Dios te los dio sin mirar lo que eras. Tal vez no le servías al Señor cuando los tuviste, sin embargo, Dios te los dio sin mirar lo que fuiste.

Sucede que Dios, desde el momento que le dio a Abraham la promesa, estaba pensando en ti. Tú también eras, y eres, parte de la promesa. Tú y tus hijos son parte de esa promesa hecha a Abraham, pues entre todas las familias de la Tierra estás tú y tus hijos.

Tampoco Dios miró lo que hiciste, ni los errores que seguramente hubieses cometido. La historia narra que Agar se enalteció, pues *"miraba con desprecio a su señora".* (Génesis 16:4). Ciertamente Agar cometió errores en su vida. Tú, seguramente también. Pero ahí, en tus hijos, permanece la promesa de Dios hecha a Abraham. Ahí están tus hijos, y para esos hijos Dios te escogió. Pensó en ti.

Por tanto, en las promesas que Dios haya declarado para tus hijos tú eres parte esencial. Dios contó contigo para la bendición de tus hijos.

Ahora bien, todos sabemos que ser madre no es una tarea fácil. Las madres sufren muchas penalidades y dificultades desde que tiene a su hijo en un vientre. El caso de Agar no fue la excepción, por lo que, habrá momentos en los que...

2. Tendrás que pasar por el desierto.

Esta realidad, que seguramente muchas madres han experimentado, también fue una realidad en la vida de Agar.

- Huyó de la casa porque Sara "la afligía". (Génesis 16:6).
- Ambos, ella y su hijo son despedidos de la casa.
- Después de habitar en la casa de la promesa, anduvo errante por el desierto. (Génesis 21:14).
- Estuvo a punto de ver morir a su hijo.

Está claro que algunas de esas penalidades que ella vivió fueron por causa de algunos errores que ella misma cometió. Otras, sin embargo, no fueron provocadas directamente por ella. El asunto es que, al igual que tú en ocasiones, ella vio desvanecerse la promesa que creía que era para ella. Aunque Ismael no era el hijo de la promesa, cuando menos alguna bendición podía adjudicársele.

Tal vez tú piensas que la promesa está lejana, o que no era para ti. Tal vez estés tan desilusionada como seguramente lo estuvo Agar. Lo que muchas veces olvidamos es que, en medio del desierto, en medio de las penalidades, en medio de la desilusión, Dios está presente. No solamente está teniendo cuidado de ti, como en el caso de Agar, sino que Dios también tiene cuidado de tus hijos. Dios está atento al clamor de ellos. Por tanto, la promesa no termina porque estés en el desierto. La promesa permanece aunque estés en el desierto.

También es necesario reconocer cuándo nuestros recursos para seguir adelante no son suficientes. Agar e Ismael solo contaban con un pan y un odre de agua. Es muy poco para atravesar tan grande desierto. Eso significa que, cuando estés en el desierto, no podrás depender de tus fuerzas. Tus fuerzas son escasas. En el desierto tendrás que depender de Dios.

Tus recursos son escasos. Dios es Todopoderoso. Sus riquezas son grandes en gloria. Esa riqueza de Dios es la garantía segura de Sus promesas. Dios tiene con qué respaldar lo que te ha prometido. Pero, para alcanzar esas promesas, es necesario hacer algo.

Esa es, tal vez, la parte más difícil del pacto, sobre todo porque, al igual que Agar, tendrás que hacer lo que Dios te diga, aunque estés en el desierto.

No es momento, entonces, de sentarte a la distancia a ver lo que sucede con tu hijo. Dios te ha hecho una promesa: Tu hijo no morirá. Es momento de escuchar y hacer lo que Dios te dice.

Génesis 21:18 tiene esas instrucciones:

A. Levántate.

Si por alguna razón te sientes en el suelo, es hora de levantarte. Si tu hijo no reclama su promesa, o no puede hacerlo por alguna razón, tendrás que hacerlo tú. Tus hijos son los hijos de la promesa, pero tú eres la madre de esos hijos, por lo tanto, <u>tú eres la madre de la promesa</u>. ¡Reclama tu promesa! Reclama también la de ellos.

B. Alza a tu hijo.

Dios le pidió a Agar que alzara a su muchacho. Hoy Dios te pide que tú también levantes al tuyo. Elévalo a Su presencia. Levántalo y colócalo delante de Su Trono. Tus oraciones son los brazos para tomar a tu hijo y mostrárselo al Señor.

Es por medio de tus oraciones que Dios honrará el pacto que hizo contigo cuando te lo dio. Él te lo entregó. Entrégaselo tú ahora a Él.

C. Sostenlo en tu mano.

Como madre siempre tienes una responsabilidad con tus hijos. Ellos nunca dejan de serlo. Aun cuando se casan y tienen sus propios hijos, siempre hay un deber que no te permite apartarlos de ti. Aun cuando estén a miles de kilómetros de distancia, ellos siempre están en tu corazón.

Tu deber de alzar a tu hijo en oración también es una responsabilidad que nunca termina. Sostenerlo implica que hay que levantar a nuestros hijos en oración constantemente. Todos los días. Sin cesar. No se trata simplemente de reclamar una promesa. Hay que reclamarla hasta que se cumpla. Es por medio de estas instrucciones que, como dice Génesis 21:18, Dios hará de ellos una gran nación.

Tus hijos son los hijos de la promesa. Gracias a ellos, hoy tú eres la madre de la promesa. A ti también Dios te dice:

"Cree en el Señor Jesucristo y serás salvo tú y tu casa". (Hechos 16:31). (RVR60).

El dolor nunca es obstáculo para una madre cuando de sus hijos se trata. No lo fue cuando lo pariste. Las penalidades y las desilusiones nunca fueron, y nunca serán más importantes que tu hijo. Que tampoco lo sean cuando estés en el desierto. Agar vio el ángel de Dios en dos ocasiones, ambas en medio del desierto. Si hoy te sientes en el desierto, prepárate.

- Estás a punto de ver cumplidas Sus promesas.
- Estás a punto de alcanzar la bendición.
- Estás a punto de ver a Dios.

Tú eres la madre de la promesa. Levántate, alza tu hijo, sostenlo con tu mano, y Dios hará de él una gran nación.

Esa promesa es para ellos. Esa promesa también es para ti...

UNA BIBLIA ENSANGRENTADA

Lectura: Proverbios 31:1-2.

Una reconocida y admirada misionera murió a los 93 años, luego de una extensa trayectoria ministerial en muchos países del mundo. Su hijo, quien era el presidente de la república y un respetable ministro, sería quien oficiaría los actos fúnebres. A la ocasión llegaron importantes dignatarios y representantes de los gobiernos de los países a los cuales esta esforzada mujer sirvió en el campo misionero, en señal de respeto y agradecimiento. Cuando el presidente se dispuso a iniciar los actos oficiales del sepelio de esta misionera, comenzó contando la siguiente historia:

"En una camioneta en dirección a la frontera viajaban cuatro personas: un granjero, una maestra, un predicador y una ramera. Dos de ellos viajaban por contrato, dos por convicción. Dos buscaban oportunidades en la vida, y dos buscaban vidas para una oportunidad".

En algún trayecto del camino, el conductor de la camioneta no vio una señal de alto, y un conductor de un camión de carga no vio la camioneta, por lo que se produjo un aparatoso accidente que dejó en saldo de tres muertos".

En aquel lugar, a orillas de la carretera, se levantaron tres cruces, en recordación de este suceso".

En ese momento, un hombre que se encontraba en el mismo templete ceremonial, se puso de pie, y pidiendo la palabra al presidente dijo: "Disculpen la interrupción, pero hoy quiero aprovechar esta ocasión para agradecer a mi padre por su regalo a mi vida. Él fue el granjero que murió en ese accidente. Sin embargo, dejó en mis manos una de las más exitosas empresas agrícolas y de distribución del país, pero más que nada, dejó en mi corazón el amor a la tierra, y el deseo de servir a la comunidad. Gracias a él, hoy soy el Ministro de Agricultura y Comercio de la república".

Inmediatamente tras él, una mujer pidió también dirigirse a la audiencia, a lo que el presidente también accedió. La mujer, entonces, dijo: "Yo también quiero aprovechar este momento para agradecer a mi madre. Ella fue la maestra que murió en ese mismo accidente. No obstante, mi madre me heredó su amor por la enseñanza, y el cariño y respeto de sus estudiantes. Fue por ella que yo también decidí abrazar el magisterio. Su pasión fue mi inspiración. Gracias a ella, hoy soy la presidenta de la Universidad Nacional de la república".

El presidente hizo un breve alto, para luego continuar su discurso. Entonces dijo: "Ciertamente este terrible accidente conmocionó nuestro país. Fueron vidas preciosas las que se perdieron ese día. Sin embargo, hay algo más que sabemos de esta historia. Aquel terrible día también murió un joven predicador, quien por ser joven y soltero, no dejó descendencia. Lo único que dejó fue su biblia ensangrentada en las manos de la ramera, al tiempo que la tomaba de la mano y le preguntaba si podía apreciar la hermosura del cielo que él estaba contemplando en aquel momento".

"Debo decir que mis compañeros de plataforma, el Ministro de Agricultura y Comercio y la Presidenta de la Universidad Nacional, hoy pueden mostrar en sus vidas lo que recibieron un día de sus padres. Y, por eso, y aprovechando esta solemne ocasión, hoy yo también quiero mostrar a ustedes lo que un día también recibí de mi madre".

"Quiero compartir con ustedes la herencia que esta mujer, que hoy recordamos y reconocemos en este acto, me dio. Lo quiero mostrar con orgullo, pues gracias a ella y a lo que un día recibí de su mano, hoy también soy lo que soy. Gracias a mi madre, y a lo que ella me dio, hoy soy el Presidente de la república y un ministro del evangelio".

En ese momento elevó su mirada al cielo y, con manos temblorosas y lágrimas corriendo por sus mejillas, mostró a la vista de todos los presentes una biblia que estaba manchada con sangre...

Escuchar historias como esta nos hacen pensar en el amor abnegado de una madre, y en la capacidad natural que tienen para hacer hasta lo imposible por amor a sus hijos. Por otro lado, nos llena de profunda emoción cuando un hijo puede hacer un espléndido reconocimiento a la influencia y contribución del ser a través de quien Dios le dio la vida. Es hermoso cuando también los hijos enaltecen la vida y la memoria de la madre. Por ejemplo, Pablo Picasso solía decir acerca de su madre:

"Cuando era niño mi madre me decía: Si te haces soldado, llegarás a ser general; si te haces sacerdote, llegarás a ser el Papa. Decidí, entonces, que sería pintor...".

Por otro lado, vemos en el pasaje de Proverbios 31:1-2 que el Rey Lemuel aporta a las futuras generaciones con lo que el mismo pasaje indica que era una "profecía". (RVR60). Otras versiones lo traducen como "oráculo", que no es otra cosa que una repetición, una letanía, o como le llamaríamos en Puerto Rico, una "cantaleta".

Entonces, el Rey Lemuel está rindiendo un homenaje a su madre por la "cantaleta" que recibió de ella todos los días. Por lo que se convirtió en la más poderosa enseñanza de su madre, (con todo lo molestoso que esto le pudiera parecer en su momento), y la más pura y duradera demostración de honra de ese hijo a su madre. Tan poderosas fueron estas enseñanzas que el mismo Rey Lemuel las reseña como aquello a lo que no hay nada más que añadir. *"¿Y qué?"* es la expresión que parece preguntar: ¿Hay algo más que decir?

Ahora bien, casi de inmediato podemos darnos cuenta de que historias como la que hemos compartido nos hacen pensar en que la dinámica entre madre e hijo está entrelazada por dos importantes consideraciones. Nos presenta una poderosa enseñanza en dos vertientes. Nos invita a escuchar dos importantes mensajes que se derivan de la relación, que se envían de manera simultánea, y que inevitablemente habrán de definir la vida, la memoria y el recuerdo entre ambos.

Veamos primero cuál es el mensaje a las madres.

1. El mensaje a las madres: ¿Qué legado estamos dejando a nuestros hijos?

Si algo salta a la comprensión de todos por medio de esta historia, y por el comentario de Pablo Picasso, es que la influencia de la madre en sus hijos es determinante para definir su carácter y su relación con el mundo que le rodea. Son las madres las que, desde su seno y su vientre, le imparten seguridad al hijo desde el primer contacto de éste con su ambiente.

La falda de mamá ha sido el refugio por excelencia de todos aquellos a los que alguna vez nos asustó el perro de la vecina, nos causaba desconfianza la oficina del pediatra y nos aterraba quedarnos en la escuela el primer día de clases. Gracias a ella vencimos nuestros miedos, aprendimos a comer de todo, y hasta nos creíamos Superman a la hora de ponernos las vacunas. (¡Ese fue mi caso!).

Por otro lado, es lamentable decir que han sido muchas veces las madres las que han castrado a sus hijos en su relación con el mundo. En ocasiones, por mantenerlos protegidos del mundo, no los han preparado para enfrentarlo. Los casos son muchos, y apuntan a diferentes áreas de la vida, como son los estudios fuera del país, un cambio de trabajo y hasta la elección de la pareja.

Lo que definitivamente es importante es que, sea de una manera u otra, las madres dejan una marca imborrable en la vida y formación de los hijos con el legado que les heredan.

La reflexión invita a las madres a considerar lo siguiente: ¿Qué legado le estamos dejando a nuestros hijos? ¿Con qué estamos definiendo sus vidas? ¿Hemos considerado el propósito de Dios en la herencia que dejamos a los nuestros? La madre del presidente en nuestra historia tuvo dos opciones en la vida. Dos maneras en las que pudo definir la vida de su hijo. Me parece que no tengo que decir que ella escogió la mejor de las dos.

Y tú, querida madre, ¿cuál es la opción que habrás de escoger?
- ¿De qué manera influirás en la vida de tu hijo?
- ¿Cuál será la aportación que harás a la sociedad por medio de tu criatura?
- Esa aportación que harás y ese hijo que levantarás, ¿honrará a Dios?
- ¿Está Dios en tu noticia?

Hay una gran realidad que una buena madre no debe ignorar: Tu hijo hará noticia. ¿De cuál lado de la noticia será a la que tu influencia llevará a tu hijo? Si Dios no está en tu noticia, difícilmente estará en la vida de tu hijo, pues no podrás darle lo que no tienes.

Dale a tu hijo un legado duradero. Dale a tu hijo un legado eterno. Dale a tu hijo el mejor de los legados. La Palabra de Dios, al Dios de la Palabra, y un ejemplo de vida en la Palabra de Dios y en el Dios de la Palabra.

Ahora bien, dijimos que esta historia nos ofrece dos vertientes en un solo mensaje. El otro mensaje está dirigido a nosotros, los hijos.

2. El mensaje a los hijos: ¿Qué estamos haciendo con el legado que nos han dejado?

Hay un postulado de la psicología que resulta muy interesante que lo consideremos en este punto. El postulado afirma que "el ambiente influye, pero no determina". Esta afirmación se sostiene con los casos que vemos de personas que provienen de estratos sociales marginados, y aún así logran destacarse prominentemente en su comunidad, país y hasta en el mundo entero, así como los casos de personas que, teniendo todas las comodidades y oportunidades de progreso, arruinan sus vidas tomando malas decisiones.

Lo mismo sucede con el legado que recibimos de nuestras madres y padres. No importa cuál haya sido el legado que hayamos recibido, la decisión de lo que hacemos con esa herencia es de nuestra entera responsabilidad.

Esto, a su vez, plantea las siguientes realidades:

- Cuando el legado es uno bueno, lo más probable es que hagamos lo bueno con ese legado, o que desafortunadamente lo convirtamos en algo malo.
- Cuando el legado es malo, lo más probable es que hagamos lo malo con ese legado, o que afortunadamente lo convirtamos en algo bueno.

La reflexión invita, entonces, a los hijos a considerar las siguientes preguntas: ¿Qué haremos con el legado que hemos recibido? ¿Buscaremos excusas para no asumir nuestra responsabilidad ante Dios? ¿Seguiremos buscando culpables para nuestra desgracia, o procuraremos la ayuda de Dios para levantarnos, a pesar de nuestra desgracia?

El presidente de la república en nuestra historia, al igual que su madre, tuvo ante sí dos opciones. Pudo escoger entre el pasado tenebroso de su madre como excusa para ser un miserable en la vida, o pudo escoger la biblia ensangrentada con la que su madre lo instruyó. Evidentemente, al igual que su madre, ya sabemos la opción que escogió este hijo.

Y tú, querido hijo, ¿cuál será tu opción?

- ¿Qué harás con el legado recibido?
- ¿Estarás convirtiendo un buen legado en una mala herencia?
- ¿Tendrás el valor para convertir un mal legado en una buena herencia?
- Lo que haces, ¿enaltece el nombre de tu madre? ¿Aporta positivamente a la sociedad y a los tuyos? ¿Te enaltece como persona? ¿Enaltece a Dios?

Hoy Dios nos ha dejado como herencia de bendición una cruz ensangrentada. Madre, ¿recibirás este legado para que puedas también dejarlo como legado a tus hijos? Hijos, ¿recibirás este legado para que tú también puedas dejarlo como legado a tus hijos? Como vemos, aunque el mensaje se presenta en dos vertientes, el mensaje sigue siendo uno. Sigue siendo el mismo. Para las madres. Para los hijos. Para todos nosotros.

En el lugar del accidente se levantaron tres cruces, que hoy son recordadas por todos, en especial por el Ministro de Agricultura y Comercio, la Presidenta de la Universidad Nacional y el Presidente de la república. En otra ocasión, otras tres cruces se levantaron en recordación al amor de Dios por este mundo, y que a su vez son la herencia de salvación para nosotros y los nuestros.

En el Día de las Madres Dios tiene un regalo especial para estas mujeres. El mejor de los regalos. Hoy Dios te entrega una cruz ensangrentada. ¿La recibirás?

Hoy también las madres pueden hacer el mejor de los regalos a sus hijos. Hoy les pueden regalar a sus hijos una biblia ensangrentada.

Y nosotros, como hijos, ¿la recibiremos...?

¡BENDICION, PAPÁ!

Lectura: Números 6:22-26

Quisiera compartir unos datos interesantes que ofrece el Censo de los Estados Unidos. Éste indica que los judíos representan el 2% de la población en esa nación. Esto, de por sí, no parece ser un dato muy relevante, sin embargo, si lo comparamos con los siguientes datos, cobran una importancia extraordinaria.

La Revista Forbes es una publicación especializada en el quehacer de las finanzas y los negocios a nivel mundial. Todos los años, desde 1986, esta revista publica una lista de las personas más ricas del mundo. Como dato interesante, el 40%, (2 de cada 5) de los que aparecen en esa importante lista son personas de ascendencia judía.

Por otro lado, se encontró que el 30% de los Premios Nobel en Ciencias otorgados a lo largo de la historia también son judíos. Más aún, el 25% de todos los Premios Nobel en todas las categorías, (¡1 de cada 4!), son hombres y mujeres de este linaje.

No hay duda de que Israel es una de las naciones más bendecidas y prósperas del planeta.

- ¿Qué es lo que hace que los descendientes de esta nación sean tan prósperos, talentosos, inteligentes y destacados?
- ¿Cómo una minoría tan irrelevante en una nación tan poderosa como los Estados Unidos puede ser tan poderosamente significativa en las esferas de poder, la fama y el reconocimiento de este país?
- ¿Hay algún secreto no revelado que sea el responsable de esta prosperidad y bendición?

Ese secreto parece estar contenido en el pasaje que hemos considerado. Este pasaje de Números 6:22-26 se conoce como la Bendición Sacerdotal. El mismo establece un mandamiento solemne de parte de Dios a Moisés, a Aarón y a sus hijos para que ejerzan el ministerio sacerdotal de bendecir al pueblo. Para bendecir a los hijos de Dios. Para bendecir a los hijos del Padre.

En ese sentido, podemos considerar como una aplicación práctica del pasaje lo siguiente:

- Impartir bendición sobre alguien convierte a quien lo hace en una figura sacerdotal, o en un intercesor entre Dios y el bendecido. Por tanto...
- Quien asume una posición sacerdotal se convierte en un representante del Dios que bendice, y recibe de parte del Dios

174

que bendice la autoridad para impartir bendición. Siendo así, entonces…
- El que bendice debe hacerlo como que asume responsablemente y en obediencia el mandato de Dios de impartir un beneficio de parte de Dios.

Esta es la razón por la que el autor o la autora de Hebreos considera a Jesús como *"apóstol y sumo sacerdote"*, (Hebreos 3:1), y que fue hecho *"sumo sacerdote para siempre según el orden de Melquisedec"*. (Hebreos 6:20). Jesús fue en la carne la representación del Padre Celestial que bendice, y fue por eso que asumió su responsabilidad con obediencia hasta la muerte, y muerte de cruz, (Filipenses 2:8), convirtiéndose entonces en el cumplimiento de la promesa de bendición hecha a Abraham. En Cristo son benditas todas las familias de la Tierra. (Génesis 12:3).

Esta es, posiblemente, la más especial de las consideraciones de la Bendición Sacerdotal. La bendición que el sacerdote declara sobre el pueblo, o sobre los hijos de Dios, se constituye en una afirmación de la promesa de bendición a todas las familias de la Tierra.

Desde esa perspectiva, somos imitadores de Jesús cuando cumplimos con el oficio de sacerdote en nuestras casas.

Nos parecemos, o debemos parecernos a Dios cuando bendecimos a nuestros hijos y nuestras familias.

Conviene en este punto definir lo que significa bendecir. La palabra hebrea para bendecir es *baruch*. (Esta palabra aparece al principio de muchas de las oraciones del *Talmud*, o el libro que representa el comentario principal de los rabinos sobre las leyes judías, y todas las tradiciones, costumbres, leyendas e historias relacionadas a la Torá).

En el original hebreo, la palabra *baruch* tiene, al menos, dos significados importantes. La primera definición importante de bendición en hebreo es "declarar en la vida de otra persona lo que Dios dice acerca de ella". Por otro lado, la palabra *baruch*, o bendición, significa empoderar, o dar poder, para prosperar.

Ahora bien, si queremos entender el sentido práctico que tienen estas definiciones de bendición dentro de la costumbre judía, es necesario considerarlas desde la manera en la que la práctica judía las consideraba.

En primer lugar, la bendición del padre, o del sacerdote de la casa, era parte de un ritual solemne. El ritual de la bendición sacerdotal del padre a los hijos era, y sigue siendo, parte importante del día de reposo judío.

176

Siendo el día de reposo parte del momento de adoración a Dios, podemos pensar que la bendición del padre a los hijos es parte esencial de nuestra adoración a Dios. Los padres adoramos a Dios bendiciendo a nuestros hijos, y los hijos adoran a Dios procurando y recibiendo la bendición de sus padres.

En ese ritual se convida a la familia a la mesa, como un punto de reunión comparado al altar del sacrificio. Luego, en un momento específico, el padre se levanta de su silla y realiza una declaración de bendición que incluye expresiones como las siguientes:

- "Tú no eres un hijo ordinario. Eres mi hijo. Mi hijo muy amado".
- "Tengo en ti todo mi contentamiento. Eres el orgullo de mi linaje y mi descendencia".
- "Estás conectado conmigo en la promesa de bendición de Abraham para todas las familias de la Tierra".
- "Espera muchas cosas grandes en tu vida".

¿A qué se le parece esta oración? Son las mismas declaraciones que el Padre manifiesta acerca de Jesús, tanto al momento de ser bautizado por Juan el Bautista, (Mateo 3), como en el monte de la transfiguración. (Mateo 17).

177

Ahora, ¿por qué decimos que estas palabras son una declaración de bendición de los padres a los hijos? El Apóstol Pedro nos da la respuesta. En 2 Pedro 1:17 la Escritura nos dice:

"Pues cuando él recibió de Dios Padre honra y gloria, le fue enviada desde la magnífica gloria una voz que decía: Este es mi Hijo amado, en el cual tengo complacencia". (RVR60).

Note que cuando el Padre Celestial declara estas palabras a su Hijo, le está impartiendo el mismo tipo de bendición que Él espera que los padres declaren igualmente sobre sus hijos. Esas palabras declaraban en la vida de Jesús lo que el Padre decía acerca de su Hijo. Esas palabras impregnaron en la vida de Jesús la honra y la gloria necesaria para que Cristo pudiera desempeñar exitosamente la tarea redentora que debía realizar. Esas palabras, según la definición hebrea de bendición, empoderaron a Jesús para prosperar.

En eso consiste, precisamente, la profecía de Isaías, cuando dice:

"Cuando haya puesto su vida en expiación por el pecado, verá linaje, vivirá por largos días, y la voluntad de Jehová será en su mano prosperada". (Isaías 53:10). (RVR60).

178

De alguna manera, con la declaración de bendición sobre los hijos, lo que los padres están declarando sobre ellos es prácticamente que sus vidas prosperen, tal y cual habría de prosperar la vida y obra del Mesías. El Apóstol Pablo recoge ese mismo sentir para con sus hijos espirituales, cuando en Efesios 4:13 expresa que la unidad del Espíritu entre los hijos de Dios tiene la finalidad de que:

"todos lleguemos a la unidad de la fe y del conocimiento del Hijo de Dios, a un varón perfecto, a la medida de la estatura de la plenitud de Cristo". (RVR60).

Esto a su vez implica que la voluntad de Dios es que los hijos sean prosperados mediante la bendición de sus padres, y que esa bendición de Dios sea parte de una herencia que se transfiera en todas las familias de la Tierra de generación en generación. La voluntad de Dios para sus hijos es que la bendición en sus vidas sea parte de una dinámica espiritual de repetir patrones de bendición.

Desafortunadamente, lo que vemos que constantemente se repite son patrones generacionales destructivos en la familia. El alcoholismo, el maltrato, el mismo patrón de pecado se repite una y otra vez en la descendencia familiar como si se tratara de una cuestión hereditaria.

Se convierten en un reciclaje de malas costumbres, desde los abuelos, los padres, los hijos y hasta los nietos. Entonces, si desafortunadamente tenemos que aceptar que la herencia de pecado y patrones destructivos en la familia es una realidad, ¿no será acaso cierto que también pueda existir un patrón de bendición repetido en las generaciones familiares? Los datos que ofrecimos hace un momento acerca de las familias judías son las evidencias más ciertas y contundentes de que el patrón de bendición familiar también es real.

Ahora bien, ¿en qué consiste ese patrón de bendición de los padres a los hijos de acuerdo al pasaje de Números 6:22-26? ¿Cómo procura el pasaje considerar la voluntad de Dios de que los hijos sean bendecidos por los padres? ¿Cuáles son las áreas de cobertura que la bendición de Dios asegura? Veamos la estructura de la bendición que Dios establece para que los padres puedan bendecir a sus hijos.

1. Protección.

Números 6:24 establece que la bendición de Dios va acompañada de protección. En ese sentido, si yo le preguntara a usted acerca de aquello de lo que usted quisiera estar protegido para sentirse bendecido por Dios, ¿qué me diría?

¿De qué usted entiende que debe ser protegido para poder decir que ha sido bendecido por Dios? ¡Protección contra el mal, por supuesto! Y, desde luego, todos sabemos que todo mal procede del pecado. Entonces, a la protección que el pasaje hace referencia es contra todo aquello que amenace con apartarnos del Dios que quiere bendecirnos.

En ese sentido, la bendición que Dios quiere que el padre procure para sus hijos es aquella en la que tanto el padre como los hijos estén igualmente comprometidos a mantenerse alejados del pecado, porque en la medida en que ambos, padres e hijos, permanezcan alejados del pecado, estarán siendo protegidos de todo mal que amenace con iniciar un patrón generacional destructivo que destruya la bendición de la familia.

Mientras más alejados del pecado permanezcan los padres y los hijos, más asegurada y protegida permanecerá la bendición de Dios en ellos.

2. Gracia.

El segundo elemento en la estructura de bendición sacerdotal tiene una connotación muy especial. La gracia se destaca en Números 6:25, cuando habla de que Dios hace resplandecer su rostro sobre nosotros.

La Nueva Versión Internacional interpreta ese resplandecer del rostro de Dios en nosotros como que Dios nos mire con agrado y extienda su amor a nosotros.

Ese es, precisamente, el efecto de la gracia en Cristo Jesús. Por medio del sacrificio de la cruz, hoy Dios nos mira con agrado, y extiende su amor a toda la humanidad en Jesucristo. En Cristo se dispone una provisión para que todos seamos salvos por gracia, por agrado y por amor del Padre.

En ese sentido, la gracia en la estructura de bendición nos habla de que Dios nos favorece, nos acomoda preferencialmente, nos coloca en medio de las mejores condiciones para que alcancemos la bendición que Dios mismo procura para los hijos por medio de los padres.

Desde luego, esto será posible en la medida en la que permanezcamos bajo la protección de Dios. Bien dice el salmista en Salmos 91:1:

"El que habita al abrigo del Altísimo, morará bajo la sombra del Omnipotente". (RVR60).

Es necesario permanecer bajo su protección para que nuestra morada en la Tierra cuente con el favor y la gracia del Dios que bendice.

Con esa protección contra el mal, y toda esa gracia de Dios obrando en nuestro favor, ¿tenemos razones para dudar, o sentirnos atemorizados? Es por eso que quienes practican esta estructura de bendición sacerdotal, como lo hacen los judíos, pueden destacarse, sobresalir y triunfar en todo lo que emprendan. Por eso, una vez más, el salmista afirma en Salmos 27:1: *"Jehová es mi luz y mi salvación; ¿de quién temeré? Jehová es la fortaleza de mi vida; ¿de quién he de atemorizarme?".* (RVR60).

Esto pudiera explicar el por qué una nación tan pequeña puede ser tan próspera y bendecida. Por la declaración de bendición de sus padres, los hijos no tienen temor de alcanzar grandes cosas. Así, la bendición sacerdotal cubre todos los aspectos declarados por el padre a los hijos. De esa manera, la bendición sacerdotal se cumple, en obediencia al decreto divino y para prosperidad de las generaciones.

3. Paz.

Por último, consideramos un elemento de la estructura de bendición que surge como consecuencia de la implementación de los dos elementos anteriores. Si estamos protegidos por Dios, y contamos con su gracia y su favor, ciertamente podemos estar en paz.

183

En ese sentido, la gran enseñanza el pasaje de Números 6:22-26 consiste en que:

- Permaneciendo alejados del pecado es la mejor manera de garantizar la protección de Dios en sus bendiciones.
- Dios responderá a nuestro compromiso con la bendición de los padres para los hijos con su favor y su gracia, contando con que Dios abrirá puertas, proporcionará salidas y procurará alinearnos en el camino para alcanzar nuestra bendición, y lograr así que la voluntad de Dios se cumpla en los padres y en los hijos.
- Como resultado de la protección y la gracia de Dios aplicada a la vida de nuestros hijos, y en pleno ejercicio de nuestra función sacerdotal en el hogar, tanto nosotros como padres, como nuestros hijos y sus hijos, podremos estar en paz.
- Una vez más el salmista se expresa con esta misma confianza, cuando en Salmos 4:8 dice: *"En paz me acostaré, y asimismo dormiré; Porque solo tú, Jehová, me haces vivir confiado".* (RVR60).

La labor sacerdotal del padre para con sus hijos consiste en impartir bendición en la vida de nuestra familia, declarando en sus vidas lo que Dios dice acerca de ellos, y dándoles poder para prosperar.

Esa es la herencia más rica que podemos ofrecer a los nuestros. De esa manera los padres obedecemos a Dios, quien ordena a los sacerdotes de la casa a que bendigan al pueblo.

En ese sentido, la Palabra de Dios hace un llamado directo a los sacerdotes de la familia, a que los padres ejerzan un papel prominente en la vida de sus hijos bendiciéndoles como Dios quiere bendecirlos. El sacerdote representa la figura de Dios en el pueblo. El padre representa la figura de Dios en su familia.

¿Cómo asumiremos nuestra responsabilidad? ¿Cuál será la mejor herencia que dejaremos para nuestra descendencia?

- Declaremos sobre nuestra casa lo que Dios dice acerca de nuestra casa.
- Que nuestra bendición para los nuestros represente la fuente de poder que nuestros hijos necesitan para alcanzar el propósito de bendición que Dios tiene preparado para ellos.
- Que reciban poder para prosperar, y que nuestra mejor recompensa sea la de vivir en paz, con la conciencia tranquila de que hemos obedecido a Dios siendo los sacerdotes fieles de Dios en la familia, y

de que los hemos bendecido como Dios asimismo lo quiere.

Hijos, prepárense a ser bendecidos por Dios. Padres, preparémonos para bendecir a nuestros hijos a la manera de Dios, porque esa es la bendición que nuestros hijos esperan y necesitan...

EL DIVORCIO, LA BIBLIA Y LA IGLESIA

Lectura: Mateo 19:3-12

Para hablar del divorcio, sería necesario comenzar por definirlo. Básicamente podemos definir el divorcio como la disolución o rompimiento del lazo matrimonial que unía a dos personas. En este caso, como podemos notar por su definición, el divorcio siempre estará ligado al matrimonio, al menos en términos conceptuales. No puede haber divorcio sin primero haber matrimonio.

(El divorcio, a nivel psicológico, es un concepto más amplio, si consideramos que muchas uniones de pareja, no necesariamente casadas, experimentan los mismos estragos del divorcio que un matrimonio legítimo. No obstante, ese no será el caso que consideraremos a continuación).

Todos sabemos que el matrimonio fue instituido por Dios, como parte de Su orden para la sociedad. Por tanto, el matrimonio es, en principio, una cuestión de orden. Por otra parte, el divorcio se constituye como una innovación introducida por el hombre para romper con el orden creado por Dios. Lo que quiere decir que el divorcio no es una creación de Dios.

En este punto es necesario recordar que Dios siempre ha intervenido en la historia del hombre. En ese sentido, cualquier cosa que el hombre haga, desarrolle o decida hacer, estará siempre cernido por la mano de Dios. Dios no pierde detalle. A Dios no se le escapa nada, y nada escapa a Su presencia.

Por tanto, aún en cosas no creadas por Dios, como lo es el divorcio, Dios interviene. Pero, ¿qué piensa Dios sobre el divorcio, y qué hace al respecto?

En primer lugar, Dios aborrece el divorcio. Malaquías 2:16 nos declara enfáticamente que Dios aborrece el repudio. Por tanto, el divorcio en términos bíblicos puede definirse como repudio.

Es precisamente en esta definición que Dios comienza su intervención en asuntos del divorcio. Para ello, ejerce a través de Moisés una función reguladora. Es, entonces, y a pesar de la opinión contraria de muchos, que el divorcio se convierte en un concepto bíblico. Puesto que Dios interviene con la historia del hombre, Dios asume jurisdicción en el asunto del divorcio estableciendo unas reglas de aplicación, manejo y regulación del mismo.

Esto no deja lugar a dudas de varias verdades bíblicas acerca del divorcio.

En primer lugar, Dios reconoce el divorcio como una práctica ampliamente desarrollada, conocida y establecida por los seres humanos. Dios no ignora, y mucho menos guarda silencio sobre el tema del divorcio. Obviamente, si Dios entra en el panorama como regulador de esta práctica, es por razón de que el divorcio representa una amenaza a la institución del matrimonio que Él estableció. Pero, puesto que Él mismo establece parámetros para regularlo, debemos entender que, aunque lo aborrece, y no auspicia el divorcio, bajo ciertos criterios lo permite.

La Escritura, específicamente en la ley de Moisés, establece el vocabulario técnico y las formas legales por las cuales se puede obtener un divorcio. Para ello, sería necesario revisar pasajes como:

- Levítico 21:7, 14
- Levítico 22:13
- Números 30:9
- Deuteronomio 22:19, 29
- Deuteronomio 24:1-4

Hay otros pasajes que hacen relación al divorcio, sobre todo en cuanto a razones para ello. Algunos ejemplos son Isaías 50:1, Jeremías 3:1 y 8, Ezequiel 44:22 y Malaquías 2:14, 16. (No entramos en consideraciones específicas para no diluir la esencia del tema).

Básicamente, lo que establecen estos pasajes es que Dios está al tanto de la práctica del divorcio, toma nota de su existencia y hace algo al respecto. Esto no quiere decir que Dios auspicie el divorcio. Más bien lo que hace al establecer estos reglamentos es buscar desalentar la práctica inescrupulosa del divorcio por causas no justificadas. En adición, hay 3 efectos fundamentales que estos pasajes consideran en relación a un divorcio.

1. Que sea permitido solamente bajo ciertas circunstancias, y no por causas no justificadas.
2. Que cuando se haga, se haga con orden.
3. Que los que se divorcian entiendan las posibles consecuencias de tomar esa determinación.

¿Qué pudiera representar, según la Escritura, una causa justificada para un divorcio? Pudiéramos mencionar algunas. Sin embargo, la razón principal para que Dios permita un divorcio es la de no observar el propósito y el pacto que representa el matrimonio instituido por Dios. Todo aquello que vaya en contra de lo estipulado por Dios para el matrimonio equivale a no cuidar el pacto de fidelidad, protección, seguridad y bendición. Y un pacto que no se cumple, queda expuesto a romperse por falta de compromiso.

Dios es un Dios de pactos. Por tanto, si hay alguien que entiende la forma correcta de observar un pacto, ese es Dios.

En este sentido, la práctica del divorcio no queda terminantemente prohibida, sino más bien que queda circunscrita a los parámetros permitidos por Dios. Un pasaje bíblico que es abarcador en este aspecto es el que se encuentra en Mateo 19.

En primer lugar, notemos que en Mateo 19:3 se establece el verdadero propósito de la pregunta de los fariseos. Ellos no pretendían que Jesús enseñara sobre el divorcio, sino que pretendían tenderle una trampa.

La trampa consistía en que, si Jesús se expresaba totalmente en contra de la práctica del divorcio, ellos podían acusarle propiamente por estar en contra de una cuestión contemplada legalmente en la ley de Moisés. Por la otra parte, si afirmaba alguna razón fuera de lo que contemplaba la ley de Moisés, caería en la misma trampa, pues estaría ignorando las disposiciones divinas de esta ley. Como fuera, y de todas maneras, pretendían incriminarlo.

Noten ustedes que en Mateo 19:3 la trampa estaba encubierta. La trampa estaba en la forma en que la pregunta fue hecha.

Mateo 19:3 dice:

*"Entonces vinieron a él los fariseos, tentándole y diciéndole: ¿Es lícito al hombre repudiar a su mujer **por cualquier causa**?".* (RVR60).

La frase "por cualquier causa" encerraba una trampa que fue fácilmente reconocida por Jesús. ¿Cómo no conocerla, si él mismo fue coautor con el Padre y el Espíritu Santo en la preparación de la ley de Moisés? Entonces Jesús, en su inmensa sabiduría, utiliza la ocasión para atraparlos a ellos y confrontarlos con las atrocidades que ellos mismos estaban permitiendo.

En primer lugar, Jesús reconoce la vigencia de la ley de Moisés en relación al divorcio señalando la misma como una cuestión permitida, dejando claro en primera instancia que permitir una práctica no es lo mismo que originarla.

Es claro, por otra parte, que si Dios permite el divorcio dentro de unos parámetros, quiere decir que Dios no condena tajantemente la práctica, siempre y cuando se haga considerando el orden que El establece.

Jesús, por su parte, aprovecha la coyuntura para desenmascarar a estos fariseos, y devolverles la misma trampa.

Para ello, luego de afirmar que Moisés permitió a los hombres dar carta de divorcio a sus mujeres, les recordó que, en un principio, eso no fue así. No solamente dejó establecido que no es Dios quien inventa el divorcio, afirma categóricamente que lo que realmente es establecido por Dios es el matrimonio.

Por otra parte, al indicar que *"en el principio no era así"*, lo que estaba aclarando era que los efectos destructivos del divorcio tampoco fueron ocurrencia de Dios. Ciertamente la ruptura de un matrimonio, sea por divorcio o por la muerte de uno de los cónyuges, es una de las experiencias más devastadoras que pueda vivir un ser humano. La soledad, crisis emocional, psicológica, financiera y de salud son sólo algunos de los efectos destructivos con los que quedamos luego de la ruptura.

Mateo 19:8 nos presenta a Jesús dando una clave en relación a cómo debe ser la experiencia del matrimonio. Cuando Jesús es cuestionado por los fariseos acerca del permiso de Moisés de dar carta de divorcio a las mujeres, Jesús destaca la dureza del corazón del hombre como la causa de esa situación. Sin embargo, los fariseos no se dieron cuenta que, al decir esto, Jesús les estaba queriendo decir que durante todo ese tiempo los hombres habían estado obrando mal.

En consecuencia, el divorcio no era nada más que un resultado de su mal proceder.

En Proverbios 28:14 nos dice que *"el que endurece su corazón caerá en el mal".* Por tanto, si los hombres estaban obrando mal, no era precisamente por permiso de Moisés, sino por la maldad que había en los corazones de los hombres.

No obstante, inmediatamente después, Jesús les recuerda en Mateo 19:8 que *"en el principio no fue así".* Podemos interpretar que lo que Jesús quiso destacar es que la experiencia del matrimonio no consideró, ni en un principio ni jamás, el dolor y la angustia que representa el divorcio para las parejas de matrimonio. Por tanto, en un principio Dios estableció la experiencia del matrimonio como una experiencia agradable y placentera.

Resulta irónico e improcedente el acercamiento que muchas veces hacemos al manejo de los problemas en el matrimonio. ¿Por qué partimos a considerar cualquier asunto del matrimonio desde el punto de vista de la Caída del Edén y no desde el Edén antes de la Caída?

En eso consiste precisamente la invitación de Jesús en Mateo 19. Para Jesús, el matrimonio es una invitación al Paraíso.

Nuestro acercamiento al matrimonio y al manejo de sus asuntos no debe surgir desde el efecto del pecado, sino desde la perfección de su diseño. Retornar al Paraíso convertirá al matrimonio precisamente en eso: Un Paraíso.

Pero esto no queda ahí. Mateo 19:9 pone de manifiesto una práctica que los fariseos pretendían justificar, esperando que Jesús les diera "permiso" para continuarla.

Mateo 19:9 comienza diciendo *"Y yo os digo".* Noten que Jesús no comienza diciendo "Más yo os digo". Si hubiera comenzado con esa frase, estaría negando implícitamente la ley de Moisés, y se hubiera buscado un problema con los fariseos. No obstante, al decirles *"Y yo os digo",* pareciera decirles que, en adición a lo que dice la ley de Moisés, Jesús estaba denunciando que no era lícito divorciarse de una mujer simple y sencillamente para casarse con otra.

Esta práctica constituía una frivolidad de la época. Los hombres se divorciaban de sus mujeres porque ya no les gustaban o porque simplemente les gustaba otra más bonita o más joven. (Cualquier parecido con nuestra realidad es pura coincidencia). Entonces Jesús ajusta los tornillos del asunto y les complica el juego.

Noten ustedes que ese mismo texto de Mateo 19:9 destaca una salvedad. Era necesario que, para que un divorcio contara con el permiso de Dios, mediara una causal de fornicación.

Esto, sin embargo, no debe entenderse de forma estrictamente literal. En términos generales, que es lo que la misma ley de Moisés también establece, un divorcio debe tomar en consideración una causal de fuerza mayor. Una justificación aceptable. Por tanto, no es de cualquier forma que se obtiene un divorcio aceptable delante de Dios. Tiene que ser por causas verdaderamente justificadas.

En ese sentido, podemos establecer que, si las condiciones expresadas por Jesús de que es necesaria una causa justificada para un divorcio, es razonable entender que, ante esas circunstancias razonables, quien se casa con la repudiada no adultera. Por consiguiente, quien se casa con otra o con otro bajo las mismas consideraciones bíblicas tampoco adultera. El texto no lo declara abiertamente, pero ciertamente se establece de forma implícita.

¿Por qué Jesús hace una afirmación como ésta? En primer lugar, Jesús está introduciendo el adulterio en el panorama del divorcio, no solamente como una causal, sino como una consecuencia.

Las razones para ello consisten, no sólo en afirmar la ley de Moisés, sino en acusar a los mismos fariseos de quebrantarla. Pero no era precisamente cualquier acusación. La acusación consistió en relacionar sus prácticas impías con acciones dignas de muerte. Al acusarlos de adúlteros cuando se divorciaban por cualquier causa, les estaba imputando un pecado tan grave que la misma ley de Moisés castigaba con la muerte. Es decir, al denunciar que ellos estaban haciendo caso omiso de las reglamentaciones de Dios para el divorcio, los mismos fariseos eran, entonces, dignos de muerte.

Naturalmente, esta acusación debía ser interpretada a raíz de las declaraciones de Jesús, pues por razones obvias, en ese momento no era propio acusarlos abiertamente. Por otra parte, recordemos que Jesús estaba evitando caer en una trampa. Jesús consigue, pues, no caer en la trampa de los fariseos, pero logra a su vez aclarar el concepto del divorcio desde la perspectiva bíblica.

Los comentarios de Jesús sobre el divorcio en este pasaje deben ser interpretados en términos de aplicación, y no meramente aplicarlos como una enseñanza puramente literal. Mateo 19:11 establece que no todos son capaces de recibir este tipo de análisis.

Desafortunadamente, la iglesia también ha presentado ciertos problemas de asimilación de este concepto. Cuando Mateo 19:11 indica que no todos son capaces de recibir este tipo de análisis, muchos tienden a aplicarlo a las palabras de los discípulos en Mateo 19:10, donde los discípulos manifiestan su inconveniencia con el concepto, y hasta su desagrado por la enseñanza de Jesús. Sin embargo, la aseveración de Jesús no estaba dirigida a contestar el comentario de los discípulos, sino a considerar todo lo expresado por él en esa ocasión, y su interpretación. En ese sentido, Jesús no enseña nada diferente a lo que quedó establecido por Dios en la ley de Moisés. Esto, les gustara o no a los fariseos o a sus propios discípulos.

Nuestra posición acerca del divorcio debe ser, entonces, una en la cual no asumamos posiciones a los extremos, es decir, no podemos auspiciar el divorcio de forma libre ni tampoco podemos condenarlo absolutamente. Nuestro llamado en ese sentido debe estar en procurar que, en la eventualidad de que se presente esa desgraciada posibilidad:

- Se observen todos los parámetros establecidos por Dios.
- Se evalúe cada caso por separado.
- Se agoten todos los recursos para salvar la unión matrimonial.

- Se obre con una actitud de misericordia hacia los involucrados, considerando que dichas personas estarían atravesando por un evento de pérdida significativo.

Dios aborrece el divorcio. Pero Dios no aborrece cada divorcio. Dios reconoce que, bajo las circunstancias razonables y justificadas, un divorcio pudiera resultar apropiado, por tanto, un divorcio no tiene por qué ser condenado de forma general y absoluta. Note bien, por favor, que digo "apropiado", no digo "deseable".

No obstante, el que un divorcio se lleve a cabo de manera adecuada, no significa que no tendrá sus consecuencias. Hijos lastimados, situaciones de tirantez, presiones de todo tipo, heridas imborrables, desajuste familiar, psicológico y económico son sólo algunas de las consecuencias que acarrean un divorcio. En ese sentido, Dios advierte de este peligro.

Sin embargo, estas consideraciones deben ser observadas y consideradas a la hora de decidir si resolvemos los problemas en el matrimonio por medio del divorcio.

Mi suegro, el pastor Francisco Colón, me enseñó una vez el siguiente pensamiento:

"Si las personas supieran por lo que van a pasar cuando se casan, nunca se casarían. Pero si las personas supieran por lo que van a pasar cuando se divorcian, nunca se divorciarían".

Siempre he dicho que, como pastor, no estoy llamado a auspiciar el divorcio. Pero, como consejero, yo sé que el divorcio es una forma de resolver problemas matrimoniales. Lo que la Escritura establece es que no siempre el divorcio es la mejor forma de resolverlos. La posición de la Escritura es que el divorcio nunca es deseable. Pero las disposiciones de la Escritura en relación al divorcio establecen que el mismo nunca es del todo inevitable.

En todo caso, hago uso nuevamente de las palabras de mi suegro. "De dos males, es de sabios escoger el menor".

Un divorcio debe evitarse siempre que sea posible.

Un divorcio debe realizarse siempre que sea necesario...

UN SEGUNDO VIAJE EN EL CRUCERO DEL AMOR

Lecturas: Varias

Yo creo que una de la experiencias más placenteras de la vida es la de viajar en un crucero. Es, sin duda, una experiencia tan y tan placentera que no dudaríamos en repetirla tan pronto nos sea posible, y las veces que fuere posible. ¡Qué rico es viajar en crucero!!! *"En el mar la vida es más sabrosa..."*, dice la canción.

Pudiéramos decir que viajar en crucero es una experiencia única, por lo especial y placentera que resulta. Pudiéramos, incluso, asegurar que, entre todas las experiencias placenteras que la vida permite, el viajar, y sobre todo en crucero, es una de las que mayor tentación nos provoca repetir.

El tema sugiere la idea de un viaje en crucero. Les adelanto, sin embargo, que no vamos a estar organizando un viaje de vacaciones por las islas del Caribe. Lamentablemente, yo no soy agente de viajes. Tampoco vamos a estar regalando pasajes para viajar en un crucero. No obstante, vamos a estar considerando una experiencia cada vez es más común, constante y repetitiva en nuestra sociedad: La experiencia de un nuevo matrimonio.

Ustedes se preguntarán, ¿qué relación pudiera tener el matrimonio con un crucero? A menos que sea que el viaje de luna de miel será en crucero, parece que ninguna, ¿cierto? Consideremos entonces lo siguiente. Ciertamente la ruptura de un matrimonio, sea por divorcio o por la muerte de uno de los cónyuges, es una de las experiencias más devastadoras que pueda vivir un ser humano. La soledad, crisis emocional, psicológica, financiera y de salud son sólo algunos de los efectos destructivos con los que quedamos luego de la ruptura.

Ahora bien, este pensamiento pudiera estar alejándonos aún más de la relación que queremos establecer entre un matrimonio y un viaje en crucero, ¿cierto? En ese caso, permítame preguntarle lo siguiente: Si es cierto que la ruptura de un matrimonio, sea por divorcio o por la muerte de uno de los cónyuges, es una de las experiencias más devastadoras que pueda vivir un ser humano, ¿por qué muchos estamos dispuestos a repetirla?

Repetiríamos gustosamente la experiencia de viajar en crucero, ¿por qué razón repetiríamos la experiencia en el caso del matrimonio? ¿Qué relación placentera pudiera existir entre la deliciosa experiencia de un viaje en crucero y la complicación de la vida diaria matrimonial?

Mateo 19:8 nos presenta a Jesús dando una clave en relación a cómo debe ser la experiencia del matrimonio. Cuando Jesús es cuestionado por los fariseos acerca del permiso de Moisés de dar carta de divorcio a las mujeres, Jesús destaca la dureza del corazón del hombre como la causa de esa situación. Sin embargo, los fariseos no se dieron cuenta que, al decir esto, Jesús les estaba queriendo decir que durante todo ese tiempo los hombres habían estado obrando mal, y que el divorcio no era nada más que un resultado de su mal proceder.

En Proverbios 28:14 nos dice que "el que endurece su corazón caerá en el mal". Por tanto, si los hombres estaban obrando mal, no era precisamente por permiso de Moisés, sino por la maldad que había en los corazones de los hombres. Pero inmediatamente después, Jesús les recuerda en ese texto de Mateo 19:8 que *"en el principio no fue así"*. Podemos interpretar que lo que Jesús quiso destacar es que la experiencia del matrimonio no consideró, ni en un principio ni jamás, el dolor y la angustia que representa el divorcio para las parejas de matrimonio.

Por tanto, en un principio Dios estableció la experiencia del matrimonio como una experiencia agradable y placentera; tanto o más placentera que un viaje en crucero.

¿Podemos ver ahora que hay relación en común entre el matrimonio y un viaje en crucero?

Nuestro propósito es poder establecer, por medio de la comparación, la similitud de un viaje en crucero con la experiencia del matrimonio. Solo que en esta ocasión, la comparación será bajo la perspectiva de un segundo matrimonio. De una experiencia que se repite. De un segundo viaje.

¿Encontraremos algo positivo o sacaremos alguna ventaja en este ejercicio? Ya lo creo que sí.

VENTAJAS DE UN SEGUNDO VIAJE

En primer lugar, debemos reconocer que emprender un segundo viaje por la experiencia del matrimonio es una bendición de Dios. No todas las personas tienen una segunda oportunidad de repetir esta experiencia. Más aún, no todas las personas se dan la oportunidad de un segundo matrimonio en sus vidas. Desafortunadamente, su primera experiencia fue tan mala, o terminó tan tristemente, que el temor a experimentar un dolor similar es la pauta que prácticamente dirige y controla sus vidas. ¡Qué triste es vivir en el presente atemorizado por el pasado, perdiendo a su vez un futuro pleno y dichoso!!

Pero, ¡qué bueno es Dios!! En 1 Juan 4:18 nos dice que *"En el amor no hay temor, sino que el perfecto amor echa fuera el temor".* No hay pecado en haber experimentado temor por el dolor sufrido. Sin embargo, hay pecado cuando dejamos que el temor a una experiencia de dolor gobierne nuestra vida. Por tanto, con toda la incertidumbre que se pudiera sentir al entrar en una segunda relación, aquellos que se dan la oportunidad de volver a amar pueden considerarse bienaventurados. ¿Amén?

No obstante, esta segunda experiencia no es para nosotros una experiencia en el vacío. En esta ocasión, contamos para nuestro segundo viaje con algo realmente valioso: La experiencia del primer viaje. La experiencia en cualquier aspecto, (sea propia o ajena), es una ventaja indiscutible para el análisis y toma de decisiones de una nueva experiencia. En ese sentido, ¿qué experiencias de nuestro primer matrimonio podemos utilizar de manera ventajosa para nuestro segundo matrimonio?

Consideremos, al menos, 3 de esas experiencias:

1. Podemos hacer un análisis de las situaciones placenteras y las situaciones desagradables.

Este análisis nos permitirá repetir (siempre que sea conveniente) aquellas experiencias de nuestro primer viaje que fueron placenteras y felices y a la vez nos ayudará a evitar, (si es posible), o cambiar, (si es necesario), aquellas experiencias de nuestro primer matrimonio que fueron desagradables.

2. Este segundo viaje representa la oportunidad para descubrir áreas no exploradas del barco.

Esta exploración nos permitirá reconocer necesidades que quedaron desatendidas en nuestro primer matrimonio.

Por lo general, vamos a un primer matrimonio con la expectativa de lo que vamos a obtener de nuestra pareja, de acuerdo a su potencial. Es decir, vamos con la expectativa de lo que nuestra pareja nos puede ofrecer. Sin embargo, cuando vamos a una segunda experiencia, vamos con una perspectiva diferente.

Si hemos sabido manejar y atender los conflictos y traumas que nos dejó la ruptura de nuestra primera relación, habremos podido entender que tenemos un valor propio. Hemos podido comprender que nosotros somos valiosos por lo que somos, no precisamente por lo que tenemos.

Por lo tanto, la expectativa de un segundo matrimonio no se concentra en lo que la pareja puede ofrecer, sino en el potencial que como persona puedo aportar a la relación. Nuestro concepto de pareja cambia, pues ahora no se trata de "la otra persona" sino en que la pareja somos "tú y yo". Cambiamos el pensamiento de "mi pareja" por "la pareja". Esta vez hacemos una real inversión de parte y parte en formar el verdadero concepto de la pareja: <u>los dos.</u>

Ahora nos hace un mejor sentido lo que La Biblia menciona en Génesis 2:24 cuando dice que "dejará en hombre a su padre y a su madre, y se unirá a su mujer y serán <u>los dos</u> una sola carne". Esta segunda oportunidad nos permitirá incorporar nuevas ideas y otras visiones, (particularmente la enseñanza bíblica), a la nueva experiencia. Es la oportunidad de adquirir la sabiduría y el conocimiento que nos hizo falta en nuestro primer viaje.

3. Nos capacita para identificar con mayor efectividad la lista de necesidades a cubrir para nuestro viaje.

Tenemos un mejor panorama de las cosas que podemos aportar a esta nueva relación y de las cosas que necesitamos dejar fuera de ella.

Se trata de escoger y desechar, haciendo uso de la sabiduría que nos da la experiencia adquirida, los elementos que enriquecen nuestra relación y aquellos que no aportarán nada positivo, respectivamente.

Todo esto tiene un propósito claro y definido: No volver a repetir los errores del pasado. Errores de comisión y errores de omisión. Cosas que no debimos hacer y cosas que debimos haber hecho.

Hay una cita del famoso filósofo español Jorge Santayana que dice: "Quien no aprende de la historia está condenado a repetirla". Con esto en mente debemos considerar que todos nosotros tenemos una historia. Y ciertamente hay cosas de nuestra historia que nos gustaría repetir. Pero hay otras cosas de nuestra historia que desearíamos nunca haberlas vivido. Sin embargo, tanto las unas como las otras son parte de nuestra vida, y están presentes en nuestra vida con el propósito de que aprendamos de ellas.

Ahora bien, no sólo se trata de corregir errores del pasado. En esta nueva etapa estaremos sujetos a cometer errores. Por tanto, también en el presente es necesario buscar herramientas que nos ayuden a evitar futuros errores.

En ese sentido, uno de los errores clásicos que se cometen al comenzar una nueva relación es que se pretende comenzar esta nueva relación sin haber sanado las heridas de la experiencia anterior. Queremos arrancar a correr en una nueva experiencia cuando todavía estamos lastimados, heridos y traumatizados por la pasada relación. ¿Cómo es posible que no nos demos cuenta de esto? ¿Quisiera usted acomodarse en el camarote de su crucero cuando todavía no han removido las sábanas usadas? ¡Por supuesto que no!!

El peligro en esto consiste en que, si todavía tengo heridas del pasado, ¿a quién cree que le va a tocar aguantarse los dolores que todavía lo aquejan a usted? A una persona que no ha tenido culpa de lo que a usted le ha sucedido. Va a terminar pagando "los platos rotos" alguien que no le ha lastimado. Desgraciadamente, le pasamos la factura de nuestro dolor, de nuestra amargura, de nuestra frustración a un inocente.

Por tanto, es preciso que antes de embarcarnos en una nueva experiencia matrimonial, nos aseguremos de que nuestro barco está completamente revisado y limpio. Es indispensable que hagamos una inspección a fondo para garantizar las buenas condiciones de nuestro crucero.

Es vital que trabajemos en reparar los daños que hayamos recibido de nuestra experiencia anterior para luego poder comenzar una nueva relación matrimonial sin deudas ni arrastres.

Antes de abordar nuestro viaje, es necesario que entendamos que esta nueva relación es una experiencia totalmente nueva. Es toda una nueva vivencia, por tanto, es una experiencia que apenas comienza. Es una experiencia inmadura, es una experiencia que todavía está cruda. Por tanto, es una experiencia que necesitamos someter a un proceso.

- Todo aquello que está crudo requiere ser cocinado.
- Todo aquello que está inmaduro necesita madurar.

En esta nueva experiencia es necesario que seamos pacientes, pues, todo proceso requiere de paciencia. Podemos tener expectativas altas para nuestra nueva relación. Eso es bueno. Eso quiere decir que usted aprendió algo de su pasada relación y ahora desea algo mejor. Sin embargo, todas ellas requieren dedicación y tiempo. No sea exigente. No apresure los procesos. No se arriesgue a dañar el producto final. <u>Dense tiempo</u>. Ambos.

Por otra parte, como en todo viaje, es necesario que planifiquemos. Es necesario que consideremos de antemano todas las cosas con las que podemos encontrarnos en nuestro viaje. Esto no es sino que analicemos todos aquellos componentes que estarán presentes en nuestra nueva relación que no podemos descartarlos ni ignorarlos. Descartarlos o ignorarlos puede colocarnos en el peligro de repetir errores del pasado.

Hagamos entonces una lista de cotejo, y verifiquemos en términos generales qué podemos encontrar en esta nueva experiencia.

COMPONENTES DEL VIAJE

En primer lugar, podemos hacer referencia a una comparación que se utiliza en muchas ceremonias con respecto al matrimonio. Muchos señalan el matrimonio como una experiencia circular, representada por los anillos que los contrayentes utilizan en la ceremonia para sellar su pacto de amor.

Con esta representación se establece que el matrimonio es para siempre, pues un aro de matrimonio no tiene principio ni tiene fin definido. Sin embargo, todos sabemos que un matrimonio tiene un principio. Un principio que debemos procurar que sea bueno, y fundamentado sobre bases sólidas.

Por lo tanto, si procuramos un buen principio para nuestro matrimonio, estaremos sentando las bases para un matrimonio que <u>realmente</u> no tendrá fin.

Esta relación sí podemos establecerla con un aro. El principio de la elaboración del aro (un aro de calidad, por supuesto) es que ese aro debe ser tan perfecto que no se note dónde comienza ni dónde termina. La estructura de ese aro representa lo saludable de nuestra relación. De otra manera, si notamos que el aro tiene empates notables, grietas o una estructura quebrada, jamás lo compraríamos, ¿cierto?

Ahora bien, ¿por qué se representa la experiencia circular del matrimonio con unos anillos? ¿Por qué no se utiliza, por ejemplo, una pantalla, un buen collar o cualquier otra prenda finísima? Se utilizan unos anillos porque, aunque los anillos son cerrados, no tienen cerraduras. Sucede que el matrimonio es una relación cerrada y exclusiva de la pareja, sin embargo, en ese pequeño espacio se encierra todo un mundo. El matrimonio es un pacto de compromiso exclusivo de uno hacia el otro, pero es un vínculo donde ambos deben sentirse libres. El matrimonio es una entrega mutua en completa libertad. Ambos desaparecen, sin dejar de ser, porque ahora los dos son UNO. <u>Ambos</u> son "una sola carne".

En un crucero sucede lo mismo. Somos libres de movernos dentro del barco, sin embargo, no podemos salirnos del barco. Si nos salimos del barco, podemos quedarnos fuera del crucero. Somos libres, pero a la vez estamos sujetos a un espacio muy bien definido.

Quedarnos en el barco representa el compromiso que hemos asumido de realizar y completar la travesía. Por eso se menciona que debe ser "hasta que la muerte nos separe". Es haber leído los términos y condiciones del viaje y firmar el contrato de aceptación de las reglas del crucero. Una vez hemos entendido y aceptado este compromiso, ya podemos considerarnos montados en el crucero.

Luego entonces surge un fenómeno especial en nuestro viaje. Parecerá una tontería, sin embargo, ya veremos lo importante y lo interesante que resulta. **El crucero lo abordamos solos…, pero en el crucero no vamos solos.**

Como en todo barco, hay ciertos elementos que son indispensables e inevitables. Son cosas esenciales que sin duda encontraremos. Como dijimos hace un rato, son componentes que encontraremos inevitablemente en nuestra nueva experiencia matrimonial.

Veamos cada una en detalle.

1. GENTE

Esto es lo más que encontraremos en el barco. Sin embargo, el concepto de "gente" es muy amplio. Por tanto, es necesario que establezcamos características para diferenciar la gente que encontraremos en el crucero:

a. Tripulación

¿Qué es la tripulación de un barco? Es gente que viene "incluida" en el barco. Un detalle particular es que, por lo general, la tripulación del barco está identificada y visten un uniforme distintivo. La misión principal de la tripulación es la de hacer nuestro viaje placentero.

Ellos están para servirnos. Son personas que, puesto que están uniformados, se identifican con nosotros.

Relacionando este elemento con nuestra experiencia del matrimonio, la tripulación es toda aquella persona que se nos añade como parte de la nueva relación familiar que se establece. Suegros, cuñados, sobrinos, hijos de nuestra pareja, hijos propios de la pareja y todo aquel que ahora formará parte de nuestra nueva familia extendida.

Sin embargo, hay personas que también formarán parte de la tripulación del barco. Serán parte de la tripulación por razón de sus funciones (ej: el pastor, padrinos de boda). Son personas que, como miembro de la tripulación del barco, gozan de nuestra confianza, procurarán sostenernos con su confianza, velarán por nuestra seguridad y trabajarán para que nuestro viaje sea uno placentero.

Será determinación de la pareja utilizar los servicios de la tripulación en la medida que lo estimen conveniente. Por eso decimos que están para servirnos.

Es necesario que comprendamos que toda persona que de ahora en adelante formará parte de nuestra familia sea reconocida por la pareja como tal. Tenemos el deber de validar a nuestra gente. Esto añade valor y compromiso de esa persona al propósito de nuestro nuevo proyecto de vida.

Todos ellos son recursos humanos que Dios ha añadido a nuestra relación y están a nuestro alcance para bendición de nuestras vidas.

Es importantísimo que toda persona que esté a nuestro alrededor sepa y entienda que necesitamos su cooperación para el éxito de esta nueva relación familiar.

Por otro lado, esto define la posición que ocuparán en nuestro barco. Se evitan malos entendidos y todos somos felices.

b. Pasajeros

Los pasajeros, por otra parte, son aquellas personas que estarán en el barco, pero no necesariamente forman parte del grupo de personas con las que mantendremos una relación estrecha.

Es gente que está en nuestro barco, pero no son del todo significativas para nuestra relación. Vecinos, ex parejas (sobretodo si tenemos hijos con el o ella), ex suegros, compañeros de trabajo son algunos de esos ejemplos. Estas son personas con las que tendremos alguna interacción, aunque no sean parte significativa en nuestro proyecto de pareja.

Esto no quiere decir, sin embargo, que no tendrán alguna influencia en nuestra relación de pareja. Por lo general, en un crucero podemos encontrar gente que, por sus acciones o sus actitudes, pueden afectar nuestro viaje. Son la gente que se te cuela en la fila del buffet, se la pasan gritando por los pasillos, formarán tremendo escándalo al lado de tu cuarto, interrumpirán con sus gritos o chistes cuando quieres ver el show, e incluso, tropezarán contigo en el comedor justo cuando llevas la bandeja llena. Es gente que no necesariamente hará placentero nuestro viaje, sin embargo, están en el crucero.

Por tanto, a diferencia de la tripulación, esta es gente de la que hay que cuidarse, limitando la confianza que se les brinda. Son personas que debemos manejar con cautela, resistiendo con diplomacia sus influencias negativas. De todas maneras, están en el barco. Serán parte de nuestro caminar como pareja, como matrimonio. Nos gusten o no.

Por lo tanto, vamos a tener que aprender a bregar y a interactuar con ellos. Este concepto es lo que en consejería llamamos "baile emocional".

Es este manejo sutil y diplomático con el que "bailaremos" con estas personas, pero entrando y saliendo de la pista de baile de la mejor y más conveniente forma posible.

La gente será, entonces, un componente que consideraremos en nuestro crucero.

Pasemos entonces a otro componente de nuestro viaje.

2. EQUIPAJE

Al igual que con el componente de la gente, es necesario que hagamos una distinción especial en cuanto al equipaje.

Casualmente, al igual que con el componente de la gente, el equipaje del barco debemos diferenciarlo en 2 tipos de equipaje: Nuestro equipaje y el equipaje de la gente.

¿Cuál es el equipaje que traemos a nuestro barco? Nuestro equipaje pudiera ser todos aquellos bienes materiales y recursos que aportamos a nuestra nueva relación.

Sin embargo nuestro equipaje es mucho más surtido. Nuestro equipaje incluye costumbres, manías, creencias, condiciones físicas, de salud o mentales, frustraciones, logros o cualquier codificación familiar o social con la que hayamos sido marcados. Ejemplos tales como ser la mujer divorciada con hijos, ser hijos de una mujer divorciada, venir de una u otra estirpe de clase social, entre otros, son estigmas y cargas sociales y culturales que pudieran definirnos. Todos estos son códigos que nos adjudica la familia y la sociedad y que, aunque no necesariamente hemos comprado nosotros, van en nuestra maleta de "aportaciones" al nuevo matrimonio.

Todo lo que llevamos en nuestra maleta pensamos que es útil y necesario. Sin embargo, el equipaje es uno de los componentes que más sorpresas nos puede presentar al momento de abrir nuestra maleta. Y es que, en realidad, traemos a nuestra nueva experiencia matrimonial toda una carga que pudiera representar una verdadera Caja de Pandora.

Resulta interesante, por cierto, el hecho de que mencionamos los logros como parte de nuestro equipaje. Esto no parece representar ningún problema. Los logros siempre son buenos. Sin embargo, muchos de nuestros logros pueden convertirse en serias amenazas para nuestra relación. Sobretodo, si hemos alcanzado logros significativos en nuestra primera experiencia, esto puede convertirse en una maleta realmente pesada en nuestra nueva relación.

Y es que, muchas veces, los logros alcanzados en nuestro primer matrimonio se convierten en retos gigantescos para nuestro segundo matrimonio. Esto es así, simple y sencillamente porque estamos convencidos de que nuestro nuevo matrimonio <u>tiene</u> que ser mejor que el primero. Nadie se vuelve a casar para estar peor que en el primero. Pero, ¿en base a qué tiene que ser mejor que el primero?

Esto, necesariamente tendrá que ver con la perspectiva que tenemos de nuestra nueva relación. Por ejemplo, el dinero ayuda mucho para sentirnos felices. Sin embargo, el dinero no representa nuestra felicidad. Esto explica el hecho de muchas parejas que ahora no son tan poderosos económicamente en comparación a su primer matrimonio, sin embargo, son mucho más felices ahora que antes.

Por lo tanto, los logros de nuestra primera relación no representan un barómetro para determinar el éxito de nuestra segunda relación. Lo mismo sucede con el resto de nuestro equipaje. Todo lo que traemos a nuestra nueva relación será nuestra aportación a la relación. Por otra parte, el descubrimiento de nuestro equipaje provocará diferentes reacciones a nuestra pareja. (Por ejemplo, el perfume de nuestra pareja al que somos alérgicos, los pantalones de cuadritos que tanto detestamos que utilice el esposo, la pijama de caricaturas animadas de la esposa que quisiéramos haber desaparecido).

Ahora bien, al igual que los logros, nuestro equipaje afectará directamente en las condiciones de nuestro viaje. Sin embargo, nunca deben determinar las condiciones de nuestro viaje.

Las experiencias que traemos de nuestro primer matrimonio ciertamente son una influencia para nuestro segundo matrimonio. Pero eso no quiere decir que las experiencias de nuestro primer matrimonio van a determinar el curso de nuestro segundo matrimonio.

Cuando pensamos de esta manera, estamos quitando peso a nuestro equipaje. El equipaje permanecerá igual, pues nuestros logros, nuestras experiencias y nuestros códigos estarán presentes en la maleta, sin embargo, añadirán peso o serán más livianos y llevaderos en la medida que los enfoquemos.

Como explicamos anteriormente, ahora nuestra perspectiva es otra. Eso implica que ahora haremos un mejor uso de nuestro equipaje, porque ahora no lo usaremos indiscriminadamente, sino que lo utilizaremos en la medida en que aporte positivamente a nuestra relación y no represente una amenaza a nuestra pareja. Es decir, por ejemplo, que si aún insistimos en utilizar el perfume que tanta alergia le causa a nuestra pareja, seguramente lo haremos cuando no vayamos a estar cerca de ella. (Lo mejor sería, definitivamente, que se deshaga del mismo. Lo recomiendo firmemente).

Desde luego, en un concepto más amplio, toda esta dinámica también ocurre en relación al equipaje que los demás traen a nuestro barco.

Por ejemplo, si alguien trae en su equipaje una bomba, esto puede representar una amenaza para nosotros. Si alguien lleva drogas o armas en su equipaje, es posible que la seguridad del barco tenga que registrar nuestro equipaje, quedando expuestas cosas íntimas que llevamos.

Esto puede suceder en nuestro nuevo plano familiar. Codificaciones familiares y sociales de nuestras familias pueden poner al descubierto interioridades de la pareja. Sin embargo, si al quedar descubiertas intimidades de la pareja, no tenemos nada de qué avergonzarnos, tal vez esto no represente mayores complicaciones. Pero, por más cuidadosos que seamos con nuestro equipaje, ciertamente tendremos un celo especial por nuestra ropa interior. No deseamos que nuestras intimidades, nuestra ropa interior, se estén ventilando descuidadamente por ahí. Por lo mismo, no todas nuestras intimidades deben estar expuestas indiscriminadamente. No son asuntos de la incumbencia o la competencia de cualquiera.

Es aquí donde la comunicación es vital para mantener controlado este aspecto. La sinceridad y la apertura con nuestra pareja serán fundamentales en esta nueva relación. Por tanto, si tenemos todavía asuntos íntimos con nuestra pareja, es necesario descubrirlos. Trabajarlas en consejería, si fuere necesario. De esta manera evitaremos la vergüenza de quedar expuestos.

Por otra parte, no todo tiene que ser malo. Hay cosas en el equipaje de los demás que pudieran sernos útiles en determinados momentos. Una pastilla para el mareo o el dolor. Una camiseta extra. Un secador de pelo. Una toalla sanitaria. Cualquier otra cosa que ellos traigan en su equipaje puede servirnos en un momento específico.

Como ya hemos mencionado, la gente son recursos que Dios ha puesto a nuestra disposición para nuestra bendición. Eso sí, debemos ser cuidadosos y no abusar de estos recursos. La prudencia es una característica que debemos ejercitar en este sentido.

Muchas personas, por razón de su codificación familiar o social, pueden creer tener derecho a inmiscuirse en nuestras interioridades con el pretexto de que alguna vez nos ayudaron en cierto momento. Debemos ser cuidadosos.

La Biblia enseña que tomar prestado nos convierte en esclavos de quien nos presta (Prov. 22:7). Por tanto, si hacemos uso de los recursos de otras personas, debemos reponer lo usado lo antes posible y en la medida que sea necesario.

Esto demuestra un fuerte compromiso de cuidado de nuestra relación matrimonial y el compromiso de valor que la damos a nuestra gente.

En relación a la demás gente (pasajeros), esto representa esa entrada y salida a la pista del baile emocional que debemos mantener con quienes se relacionan con nosotros. Este componente del equipaje es uno verdaderamente rico en contenido y aplicación para nuestra vida matrimonial. Y es que, en adición, el concepto del equipaje tiene una consideración dual. Es en doble vía.

El equipaje de los demás afecta positiva o negativamente nuestra vida. Sin embargo, no podemos olvidar que nosotros también hemos traído equipaje. Esto Significa que, si bien la demás gente puede tener recursos a nuestra disposición, nosotros también tenemos recursos con los que podemos ayudar e influenciar a los demás. Nuestro equipaje también afecta positiva o negativamente a los demás.

Debemos procurar que nuestra influencia sea una positiva <u>para todos</u>, incluyéndonos a nosotros. Por tanto, si nosotros debemos influenciar a los demás positivamente, ¿cuál debe ser la influencia que aceptaremos del equipaje de los demás en nuestra relación de pareja? Aquella que produzca bienestar a nuestra vida.

No todo el equipaje de todos es bueno. Sin embargo, lo bueno del equipaje de todos es que siempre habrá algo bueno. Seamos prudentes y sabios en su elección, uso e influencia.

3. COMIDA

Por lo general, nosotros no llevamos comida al barco. La comida es algo que encontraremos a montones en el barco. Pero, ¿y qué relación tiene la comida con la experiencia del matrimonio? La comida contiene el condimento y el sabor de nuestras expectativas. Nosotros podemos ciertamente considerar muchas cosas a lo largo de nuestra experiencia matrimonial. Eso se llama planificación.

La planificación de algunos aspectos (hijos, trabajo, plan de retiro, ahorros) siempre tendrán una consideración especial en nuestros objetivos como pareja.

El matrimonio es un proyecto, y como proyecto requiere planificación. Sin embargo, nadie sabe lo que el futuro nos depara. Las sorpresas son una constante en la vida de cualquier persona. ¡Y en la relación de pareja las sorpresas suelen ser mucho más abundantes!! Son tan variadas como las comidas en un crucero.

Por tanto, ese condimento a nuestras expectativas le dará un sabor particular a nuestra relación de pareja. Retos, obstáculos, requisitos, metas. Todos son tan variados como especiales. Y todos están disponibles en la cocina del barco. La comida son todos esos platillos que la vida nos presenta. Es el variado menú de la vida.

Hay algo de lo que podemos estar seguros: Nuestra nueva experiencia matrimonial siempre tendrá sorpresas. Unas buenas y otras no tan buenas. Nuestra comida en el crucero, nuestro pan de cada día en el caminar de nuestra vida de pareja, será, sin duda, toda una carta de momentos dulces y sabrosos. Pero también incluirá momentos amargos, salados y sosos.

Por otra parte, resulta interesante que, a veces, llevamos al barco alguna medicina específica, porque, por ejemplo, algunos son alérgicos a los mariscos. Otros son diabéticos.

Esta es una inquietud que atendemos de antemano, porque es una preocupación legítima. Estas medicinas nos ayudan a tolerar estos alimentos.

En nuestra vida matrimonial, estas precauciones nos ayudan a tolerar estas situaciones que pudieran hacernos daño. Cuando tomamos estas precauciones, le estamos poniendo sello a nuestro compromiso de mantener saludable nuestra relación de pareja. Por el contrario, no hacerlo representa una manera descuidada de atender nuestra relación, actitud que fácilmente nos pone en peligro de enfermar o contaminar nuestro matrimonio.

Planificar nos ayuda a reconocer cuáles alimentos nos pueden caer mal. Nos ayuda a reconocer posibles peligros para la buena salud de la relación. Por fortuna, contamos con el beneficio de la experiencia. Si sabemos de antemano que algo puede perjudicar nuestra relación, haremos todo lo posible por evitarlo.

Aunque nuestro segundo viaje JAMAS será igual al primero, el componente de la comida será uno que ciertamente encontraremos. Por tanto, si nos preparamos mentalmente para posibles eventos futuros, estaremos sentando bases mucho más sólidas para nuestra nueva experiencia.

Pero además, nos ayudará a tener una mejor actitud ante las sorpresas de la vida. Sabemos que las sorpresas vendrán, pero nuestro compromiso permanecerá sólido.

4. AREAS RESTRINGIDAS

Este es un componente del viaje que pudiera parecer no ser realmente significativo. Es de suponerse que hay áreas en el barco en las que no toda persona puede entrar.

Además, con un crucero tan interesante por disfrutar y con tanto que ofrecer, yo pienso que la cocina o el cuarto de máquinas no son, precisamente, las áreas del barco que más me interesen. A menos que yo tenga otros intereses. Eso podemos entenderlo.

Resulta interesante que, aún cuando todo barco tiene áreas restringidas, hay personas que insisten en querer meterse en ellas. No lo hacen porque tengan una necesidad real de hacerlo. Tampoco se meten porque realmente quieran o puedan resolver algo en esas áreas. Se meten simplemente por curiosidad, imprudencia, temeridad o por la morbosa inquietud de desafiar las reglas. Es decir, porque les da la gana.

Hay personas que, incluso, se jactan de ser los que rompen el molde. ¿Se acuerdan de los pasajeros que se nos quieren colar en la fila del buffet? Son personas que se enorgullecen de ser así, porque así demuestran que no son iguales a los demás. (Están en lo cierto).

Es por tanto, que el componente de las áreas restringidas del barco cobra una importancia extraordinaria. Por insignificante que parezca, el no limitar el acceso a nuestra intimidad de pareja, puede producir las más traumáticas situaciones en nuestro matrimonio.

Las áreas restringidas de nuestro matrimonio es el componente que peor se maneja entre la pareja, precisamente por lo inofensivo que aparenta. Bien sea por ser demasiado condescendientes o por falta de carácter, es posible que tengamos metidos en nuestra relación de pareja a un montón de polizontes.

A veces tenemos la tendencia a ser muy amables y abrirnos confiadamente, sobretodo, con aquellos que tenemos muy cerca de nosotros. Sin embargo, esto puede representar un peligro enorme para la relación, porque estamos exponiendo intimidades que solamente le corresponde a la pareja dilucidar. Aún cuando los demás tengan buenas intenciones, debemos reconocer que en la relación de pareja solamente decide la pareja.

Sacar del círculo de la intimidad cualquier situación particular del matrimonio puede resultar en un atentado a la confianza depositada por nuestra pareja en nosotros. Por otra parte, cualquiera que, con buenas o malas intenciones, pretenda ocupar un espacio entre la pareja, automáticamente se convierte en un intruso dentro del área restringida de la pareja.

Vamos a estar claros en un asunto. En ocasiones será necesario manejar situaciones particulares del matrimonio por medio de la consejería pastoral o profesional. También podemos contar con familiares y amigos que sean verdaderos confidentes y que demuestran ser recursos confiables. Sin embargo, esta distinción no la tiene todo el mundo.

Estos recursos confiables son personas que saben respetar los límites de la confianza. Reconocen e incluso defienden el derecho a la privacidad de la pareja. Por tanto, jamás osarán con entrometerse en asuntos que no le corresponden. Son solidarios y sobretodo, muy discretos.

No obstante, esto no elimina nuestro deber y responsabilidad para con la relación de pareja a establecer límites. Es vital que establezcamos restricciones de acceso a las áreas privadas de nuestro matrimonio.

Estos límites deben estar claramente definidos, de modo que todo aquel que es parte de nuestro mundo relacional y familiar no pueda confundir este espacio. Nadie debe traspasar esos límites..., y a nadie debemos permitírselo.

5. EL CAPITAN

El capitán es, definitivamente, el personaje más importante de nuestro crucero. Es el personaje que con su sabiduría, conocimiento y su poder puede guiar nuestro barco y llevarlo a puerto seguro. Estas características del capitán deben ser los parámetros por los cuales nosotros escogeremos a ese personaje para que tome el timón de nuestro barco. Lo interesante de esto es que a este personaje SI podemos escogerlo nosotros. Y, como podemos escoger nuestro capitán, seguramente escogeremos al mejor.

Hay un capitán que reúne todos los requisitos para ser el mejor capitán de nuestras vidas.

- Ese el Aquel que en Marcos 4:39 le dijo al mar embravecido: "Calla, enmudece".
- Es el único que pudo hacerlo.
- Y ciertamente es el único que puede también hacerlo cuando en nuestra travesía por la vida se presenten tormentas.

- Es el único que puede mantener nuestro matrimonio en perfecta paz, aún cuando azoten tempestades en el mar de nuestra vida.
- Es el único que puede mantener la salud en nuestra relación cuando se presenten comidas dañinas o venenosas.
- Es el que más fielmente velará por nuestra seguridad y procurará que nuestro viaje sea uno verdaderamente placentero.

Ese capitán es CRISTO JESUS.

Pero Jesús es todo un caballero. Él no entrará a guiar nuestro crucero si nosotros no le damos el acceso.

Para que este capitán pueda tener el control en todas las áreas de nuestro barco, nosotros tenemos que permitirle entrar libremente a todas las áreas de nuestra vida. Sobre todo, <u>Cristo debe tener acceso total y absoluto</u> incluso a todas las áreas restringidas de nuestro matrimonio.

Yo quiero a Cristo en mi crucero. ¿Cuántos también lo quieren? Pues, si queremos a Cristo en nuestro matrimonio, tenemos que darle todo el acceso. Tenemos que meterlo en nuestro barco. No podemos dejarlo fuera.

El capitán podrá, definitivamente, hacer su viaje placentero. Pero todos debemos comportarnos correctamente en este viaje.

- Distinga a su gente.
- Cuide su equipaje.
- Vigile lo que come.
- Cierre la puerta de su camarote.

Si usted tiene cuidado de estos detalles, lo demás lo hará El Capitán.

¡Buen Viaje!

BREVE BIOGRAFIA DEL AUTOR

Elvin Heredia es ministro licenciado de la Iglesia del Nazareno, Distrito Este de Puerto Rico y pastor titular de la Iglesia del Nazareno del pueblo de Gurabo. Posee un Doctorado en Filosofía (PhD.) en Teo-Terapia Familiar y Pastoral Sistémica de ECOTHEOS International University & Bible College en Puerto Rico, un grado de Maestría en Psicología y Consejería Clínica Cristiana de DOXA International University en Florida, USA, y un Bachillerato en Asesoramiento Familiar de la Escuela Graduada de Terapia y Psicología Pastoral de Puerto Rico.

Es consejero certificado en Teo-Terapia (Nivel III) por la International Reciprocity Board of Therapeutic & Rehabilitation (I.R.B.O.), entidad reconocida por la Federación Mundial de Comunidades Terapéuticas y por la Organización de las Naciones Unidas. Es profesor asociado del Seminario Nazareno de Las Américas (SENDAS) en San José, Costa Rica para la Maestría en Ciencias de la Religión con mención en Orientación de la Familia y para el Bachillerato (Licenciatura) en Pastoral Juvenil. Ha dictado conferencias y talleres para matrimonios en Puerto Rico y los Estados Unidos. Es el autor de la colección de libros TEOLOSIS.

El pastor Heredia vive en Puerto Rico con su esposa Carmencita y sus hijas, Jane Marie y Ana Cristina.